Dominik Hauser

Multiprojektmanagement

Projekte mittels zentralisiertem
Projektbüro effizient und effektiv steuern

igel
Verlag
RWS

Hauser, Dominik: Multiprojektmanagement: Projekte mittels zentralisiertem Projektbüro effizient und effektiv steuern, Hamburg, Igel Verlag RWS 2014

Buch-ISBN: 978-3-95485-160-7
PDF-eBook-ISBN: 978-3-95485-660-2
Druck/Herstellung: Igel Verlag RWS, Hamburg, 2014

Bibliografische Information der Deutschen Nationalbibliothek:
Die Deutsche Nationalbibliothek verzeichnet diese Publikation in der Deutschen Nationalbibliografie; detaillierte bibliografische Daten sind im Internet über http://dnb.d-nb.de abrufbar.

© Igel Verlag RWS, Imprint der Diplomica Verlag GmbH
Hermannstal 119k, 22119 Hamburg
http://www.diplomica.de, Hamburg 2014
Printed in Germany

Abstract

Multi-Project Management in Project Management Office

The following book will be responsive to Multi-Project Management as well as to Project Management Office which are very important in modern times. For almost every company projects are an important part of daily business. As the number and complexity of projects is constantly increasing Multi-Project Management and therefore also a Project Management Office has become indispensable. Due to only these two factors, a company with a high number of projects can remain competitive and become more successful.

Following the introduction, the theoretical foundations are explained. At first, the most important foundations of a project are illustrated. As the next point in this chapter it will elaborate on the term Management followed by the term Project Management. In Project Management among other things there will be explanations of the six commandments and the success factors in detail.

The third chapter is about Multi-Project Management and include a description of the assessment of success and the aspects of the MPM, Program-Management and Project Portfolio Management.

In the following fourth chapter Project Management Office will be examined carefully. There the promises and the functions of the PMO – project-oriented and organization-oriented – will be explained in more detail. Subsequently implementation of a PMO will be expounded.

Chapter five shows how a PMO is implemented using the company Allison Transmission as an example.

In the sixth and final chapter an outlook on what can be expected in the future will be given.

Kurzreferat

Multiprojektmanagement im Project Management Office

In dem folgenden Buch wird auf das in der heutigen Zeit immer wichtiger werdende Multiprojektmanagement als auch auf das Project Management Office eingegangen. Für nahezu jedes Unternehmen sind Projekte ein essentieller Bestandteil des Tagesgeschäfts. Da die Anzahl und die Komplexität der Projekte stetig steigt, ist Multiprojektmanagement und dadurch auch ein Project Management Office unverzichtbar geworden. Nur durch diese zwei Faktoren kann ein Unternehmen mit einer hohen Anzahl an Projekten konkurrenzfähig bleiben und erfolgreicher werden.

Anschließend an die Einleitung werden die theoretischen Grundlagen erklärt. Dabei werden zuerst die wichtigsten Grundlagen eines Projekts erläutert. Als nächster Punkt in diesem Kapitel wird auf die Begriffe Management und Projektmanagement näher eingegangen. Beim Projektmanagement werden unter anderem die sechs Gebote und die Erfolgsfaktoren detailliert erklärt.

Im dritten Kapitel wird Multiprojektmanagement und weiters die Erfolgsbeurteilung als auch die Aspekte des MPM, Programmmanagement und Projektportfoliomanagement, beschrieben.

Im darauf folgenden vierten Kapital wird das Project Management Office detailliert unter die Lupe genommen. Es werden die Versprechungen und die Funktionen des PMO – projektorientierte und unternehmensorientierte Funktion – genauer erläutert. Abschließend wird auf die Implementierung eines PMO näher eingegangen.

Um dies praktisch darzustellen, folgt im fünften Kapitel ein Beispiel zur Implementierung eines PMO anhand des Unternehmens Allison Transmission.

Im sechsten und abschließenden Kapitel folgt ein Ausblick, auf das was in Zukunft noch zu erwarten ist.

Inhaltsverzeichnis

Darstellungsverzeichnis

Abkürzungsverzeichnis

Mgt	Management
PM	Projektmanagement
MPM	Multiprojektmanagement
PMO	Project Management Office
PPM	Projektportfoliomanagement
PRM	Programm-Management

1. Einleitung

Problemstellung

In der heutigen Zeit gehören Projekte in nahezu jedem Unternehmen zum Alltag. Dabei werden diese immer größer und komplexer. Aufgrund der hohen Projektanzahl, die ein Unternehmen hat, sind die oftmals begrenzten Unternehmensressourcen schwer einzuteilen. Um diese Problematik der vielen unterschiedlichen Projekte richtig steuern zu können, benötigen die Organisationen nicht mehr „nur" Projektmanagement sondern Multiprojektmanagement.

Ein Project Management Office ist ein unterstützendes Instrument der Unternehmens- bzw. Projektleitung bei Planungs-, Erfassungs- und Informationsaufgaben. Es ist meist eine eigenständige Abteilung innerhalb einer Organisation. Durch das PMO soll eine effektive, sach-, termin- und kostengerechte Abwicklung aller Projekte der Organisation garantiert werden. Der Vorteil eines projektübergreifend und zentralisiert arbeitenden Projektbüros liegt dabei in der optimalen Auslastung des MPM-Personals bei gleichzeitiger Entlastung der Spezialisten von projektadministrativen Tätigkeiten.

Ein Multiprojektmanagement im Project Management Office hilft den Unternehmen, mit ihrer Vielzahl von komplexen Projekten, Ordnung in die unübersichtliche Projektlandschaft zu bekommen und die Ressourcen richtig zu verteilen. Des Weiteren kann ein Unternehmen durch das MPM und das zentral gelegene Project Management Office die Kosten senken, Projektteile zusammenschließen und Projekte effizienter und effektiver bearbeiten. Jedoch gestaltet sich die Einführung des MPM und des PMO als auch die Durchführung oftmals sehr schwierig.

Motivation und Relevanz

Durch die vorher erwähnte Problematik der immer größer und komplexer werdenden Projekte in Unternehmen wird Multiprojektmanagement und (dadurch) auch Project Management Office in Zukunft zur essentiellen Voraussetzung für jede Organisation. Da diese Thematik noch relativ jung ist und noch verhältnismäßig wenig darüber geschrieben wurde, wird in diesem

Buch versucht, die Organisation eines Multiprojektmanagements als auch die eines Project Management Office etwas näher zu bringen. Diese zwei Bereiche werden in naher Zukunft durch ihre Relevanz für Organisationen mit vielen Projekten große Bedeutung erlangen.

Zielsetzung

Das Ziel ist es einen Überblick über das Projektmanagement im Allgemeinen, Multiprojektmanagement als auch über das Project Management Office zu geben. Dabei wird auch der Zusammenhang zwischen Multiprojektmanagement und Project Management Office analysiert. Des Weiteren wird auf die eventuell auftretenden Probleme und Risiken der Verbindung des Multiprojektmanagement und des Project Management Office analysiert.

Darüber hinaus werden die folgenden Fragen in diesem Buch beantwortet werden:

- Was ist ein Projekt, Management und Projektmanagement?
- Was bedeutet Multiprojektmanagement?
- Was für eine Bedeutung haben die Aspekte des MPM?
- Was ist die MPM-Qualität und wie kann der Erfolg beurteilt werden?
- Was ist ein Project Management Office?
- Was sind die Merkmale und Eigenschaften eines PMO?
- Was sind die Funktionen des PMO?
- Wie funktioniert die Implementierung eines Project Management Office?

Aufbau des Buches

Anschließend an die Einleitung werden die theoretischen Grundlagen erklärt. Dabei wird zuerst auf den Ablauf, die Planung, Steuerung und Kontrolle eines Projekts eingegangen. Als nächster Punkt in diesem Kapitel wird der Begriff Management und darauf folgend das Projektmanagement erläutert. Beim Projektmanagement werden dabei die Punkte, Prinzipien, Risiken, sechs Gebote, Erfolgsfaktoren, Aufgaben und Ziele des PM, vertieft.

Im dritten Kapitel wird der Begriff Multiprojektmanagement definiert und dessen Prozesse, Methoden und Techniken als auch die Organisation eines MPMs

2

erklärt. Anschließend wird eine Erläuterung der MPM-Qualität und der Erfolgsbeurteilung dargestellt. Um dieses Kapitel abzuschließen, werden noch die Aspekte des MPM, Programmmanagement und Projektportfoliomanagement, beschrieben.

Im darauf folgenden vierten Kapital wird das Project Management Office detailliert unter die Lupe genommen. Nach der Definition folgt eine Beschreibung der Versprechungen des PMO. Danach wird auf die Merkmale und Eigenschaften eines PMO eingegangen. Anschließend werden noch die Funktionen des PMO – projektorientierte und unternehmensorientierte Funktion – genauer erläutert. Abschließend wird auf die Implementierung eines PMO genauer eingegangen.

Das fünfte Kapitel beinhaltet ein Praxisbeispiel zu Implementierung eines PMO im Unternehmen Allison Transmission.

Im sechsten und abschließenden Kapitel folgt ein Ausblick, auf das was in Zukunft noch zu erwarten ist.

Nachfolgend wird die Struktur des Buches grafisch dargestellt:

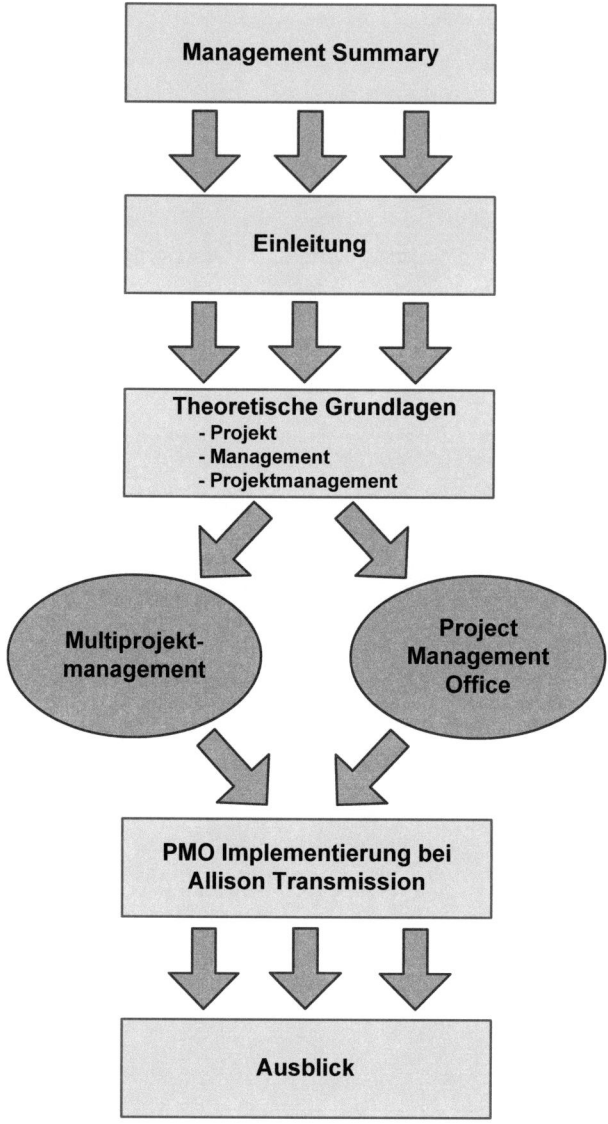

Darstellung 1: Struktur des Buches

2. Theoretische Grundlagen

Damit ein Verständnis dieser Thematik gewährleistet ist, werden in folgendem Kapitel die theoretischen Grundlagen umfassend und präzise erläutert. Um einen logischen Aufbau und ein klares Verständnis sicherzustellen, folgt eine detaillierte Definition der Begriffe Projekt, Management und Projektmanagement. Dabei wird auf die Planung, den Ablauf, die Steuerung und die Kontrolle eines Projekts und auf das Management im Allgemeinen näher eingegangen. Anschließend werden die Prinzipien, die Chancen und Risiken, die sechs Gebote, die Erfolgsfaktoren, die Aufgaben und Ziele des Projektmanagements genauer erklärt.

2.1 Projekt

Das Wort Projekt kommt ursprünglich aus dem Lateinischen. Es lässt sich von dem Wort „projectus" ableiten, was so viel bedeutet wie: „vorstehend", „herausragend" oder „außerordentlich". Dies ist sehr passend, da ein Projekt oftmals besondere Aufgabenstellungen hat, die nicht zu normalen Routinetätigkeiten zählen.[1]

Ein Projekt ist sozusagen ein Unterfangen, dass folgende Merkmale aufweist: es weist eine definierte Zielsetzung auf, es hat die grundlegendste Aufgabenstellung einen außergewöhnlichen Charakter, der Zeitraum ist durch einen festgelegten Beginn und ein fixiertes Ende bestimmt, es hat einen erhöhten Finanzbedarf, jedoch werden die personellen und finanziellen Ressourcen beschränkt. [2]

Darüber hinaus werden Projekte in der Regel als Tätigkeiten angesehen, die einzigartig für das Unternehmen sind. Wiederkehrende Tätigkeiten können anhand historischer Erkenntnisse verwaltet bzw. bearbeitet werden. Bei Projekten besteht die Herausforderung darin, dass das Verwalten von gewissen Tätigkeiten zuvor noch nie gebraucht worden ist und wahrscheinlich in Zukunft auch nicht mehr wiederholt werden wird. In der heutigen Zeit werden Projekte immer größer und komplexer. Einige Leute behaupten, dass ein Projekt auch als eine multifunktionale Aktivität gesehen werden sollte, seitdem die Rolle des

---

[1] Vgl. Töpfer (2007), S.1244
[2] Vgl. Töpfer (2007), S.1245

Projektleiters mehr der eines „Integrators", der mehr administrative Tätigkeiten übernimmt, gleicht, denn der eines technischen Experten.[3]

Beispiele für Projekte sind:[4]

- ✓ Planung, Konzeption, Bau und Inbetriebnahme von unterschiedlichen Arten von Anlagen, wie z.B. Fertigungssysteme oder Kraftwerke
- ✓ Produktentwicklung, wie z.B. Airbus oder Pharmazeutikum
- ✓ Anpassende oder neue Konstruktion von Geräte oder Maschinen, wie z.B. Verpackungsmaschine oder Wasserturbine
- ✓ Bauvorhaben im Hoch- und Tiefbau, wie z.B. Hochregallager oder Autobahn
- ✓ Planung und Einführung von Änderungen innerhalb der Organisation, wie z.B. Qualitätssicherung oder Aufbauorganisation
- ✓ Neue Informationssysteme entwickeln und einführen, wie z.B. CAD

2.1.1 Ablauf

Ein Projektablauf wird meist in Phasen strukturiert. Dies versichert einen effizienten Projektablauf. Dabei wird eine Phase als ein abgearbeiteter wichtiger Arbeitsschritt in einem Projekt definiert. Eine Phase endet mit einer Sitzung, bei der das Projektteam, der Projektleiter als auch das Steuerungsgremium, auch Lenkungsausschuss genannt, vertreten sind. Diese Sitzung am Ende einer Phase wird auch Meilenstein genannt. Solch eine Sitzung wird einberufen, wenn Zwischenergebnisse erreicht wurden, die eine Evaluation des Gesamtprojekts aus Sicht der Zielerreichung und des Arbeitsfortschritts legitimieren und wichtige Entscheidungen des Lenkungsausschusses erfordern.[5]

Die nachfolgende Darstellung zeigt wie ein phasenweiser Projektablauf für EDV- und Organisationsvorhaben aussehen kann:

---

[3] Vgl. Kerzner (2000), S.1ff (Eigene Übersetzung)
[4] Vgl. Litke (2007a), S.18
[5] Vgl. Kolb (2009), S.88

PHASEN		AUFGABE
Problemanalyse	Projektdefinition	Problem- und Projektbestimmung
Problemanalyse	Projektplanung	Bestimmung Projektleiter und Mitarbeiter, Phasenplanung, Beschluss Projektbeginn
Konzeption, Grundlegung	Ist-Analyse	Aufnahme und Kritike des Ist-Zustandes, Informationsbedarfanalyse
Konzeption, Grundlegung	Soll-Konzept	Kurzbeschreibung des zu entwickelnden Systems, Wirtschaftlichkeit, Vorgehensplanung, Genehmigung
Detail, Gestaltung	Systementwicklung	Verfahrensentwicklung, Systemgestaltung (Datenflussplan, Speicherorganisation etc.)
Detail, Gestaltung	Systembeschreibung	Programmierungsunterlagen, Belegorganisation
Detail, Gestaltung	Programmierung	Programmerstellung (Codierung, Test etc.), Programmbeschreibung
Realisation	Aufgabenorganisation	Notwendige Umorganisation, Organisationsrichtlinien
Realisation	Durchführungsvorbereitung	Organisationsmittel, Vordrucke, Personenbereitstellung, Schulung
Nutzung	Umstellung	Anlaufphase, Herausgabe der Organisationsanweisung mit Anweisungscharakter

Darstellung 2: Phasenweiser Projektablauf

Quelle: Litke (2007a), S.27

2.1.2 Planung

Patzak definiert die Planung in der heutigen Zeit

"(...)als das Ersetzen des Zufalls durch den bewusst eingegangenen Irrtum!".[6]

Eine Planung sollte detailliert, sorgfältig, transparent, geordnet und übersichtlich sein, dann ist sie der Schlüssel zum erfolgreichen Projekt. Zudem sichert sie auch gegen unangenehme Überraschungen ab.

Eine sorgfältige Planung ist für Projekte aus allen Bereichen und allen Größenordnungen von enormer Wichtigkeit. Dennoch stehen Projektauftraggeber hohen Planungskosten oft kritisch gegenüber. Anstelle langer Planungsphasen wird ein früher Beginn des "tatsächlichen" Projekts angestrebt. Dabei ist es erwiesen, dass zusätzliche Planungskosten enorme Einsparungen in der Durchführung des Projekts mit sich bringen können. Eine empfohlene Richtlinie besagt, dass abhängig vom Projekt zwischen 10 und 20% der gesamten Kosten auf die Planung des Projekts entfallen sollten. In der Praxis werden diese Richtwerte jedoch meist nicht erreicht. Dies führt oftmals dazu, dass Fehler oder Probleme zu spät erkannt, Aufgaben vernachlässigt oder unterschätzt und die Personalplanung, Investitionen oder Kosten überschritten werden. In der heutigen Zeit wird die Planungsarbeit durch viele elektronische Programme, die eine transparente, effiziente und zeitsparende Bewältigung ermöglichen, unterstützt. Allein durch den Einsatz solcher Programme wird der Erfolg eines Projekts jedoch nicht garantiert. Viel mehr ist eine konsequente und kompetente Verwendung dieser Programme entscheidend.[7]

---

[6] Patzak (2004), S.147
[7] Vgl. Kolb (2009), S.33

8

Elementare Planungskonzepte sind folgende:

Aufgabenplanung

Das Wichtigste eines Projekts ist die Durchführung der Aufgaben. Bei dieser Planung wird geklärt, was alles im Laufe des Projekts zu erledigen ist. Anhand der Aufgabenplanung werden die Termine und die Kosten errechnet und geplant.[8]

Qualitätsplanung

Die Qualtiätspolitik in der Organisation ist die Ausgangsbasis für die Qualitätsplanung eines Projekts. Diese Planung wählt die Qualitätsmerkmale aus, klassifiziert und gewichtet sie. Zudem werden alle Einzelanforderungen an das Produkt und den Prozess schrittweise unter Berücksichtigung der Realisierungsmöglichkeiten konkretisiert.[9]

Ablauf- und Terminplanung

Nachdem geklärt ist, wieviel Arbeitspakete abzuarbeiten sind, wird durch die Ablauf- und Terminplanung die zeitliche und technologische Anordnung der zu erledigen Aufgaben ermittelt. Dadurch werden weitere terminliche Aussagen für künftige Planungen bezüglich des Ressourceneinsatzes, Finanzierungsbedarfs, Kostenverlaufs als auch der Berichtstermine geliefert.[10]

Ressourcenplanung

Für die Durchführung eines jeden Projekts werden materielle und/oder immaterielle Ressourcen eingesetzt bzw. verbraucht. Aus mehreren Befragung von etlichen Projektmanagern ergab sich, dass die häufigste Ursache für Probleme in Projekten die "nicht ausreichenden Ressourcen" sind. Deshalb ist

---

[8] Vgl. Patzak (2004), S.150
[9] Vgl. Patzak (2004), S.166
[10] Vgl. Patzak (2004), S.176

die Planung und Optimierung des Ressourceneinsatzes in der Projektplanung sehr entscheidend und ein essentieller Punkt des Projektmanagements.[11]

Kostenplanung und Finanzmittelplanung

Bei dieser Planung wird zwischen dem analytischen Kostenermittlungsverfahren und dem globalen Kostenschätzverfahren unterschieden. Die analytische Kostenermittlungsmethode geht von den jeweiligen Arbeitspaketen des Projekts aus. Es werden die Kosten jedes Arbeitspakets errechnet, um anschließend durch Addition dieser die Gesamtprojektkosten zu ermitteln. Bei der globalen Kostenschätzmethode hingegen werden die Gesamtprojektkosten durch die Verwendung von übereinstimmenden Parametern oder adäquaten Kennzahlen geschätzt.[12]

Risikoplanung

Die Risikopolitik in der Organisation ist die Basis für die Risikoplanung. Die Risikopolitik ergibt sich meist durch die Unternehmenskulturen und einzelnen Entscheidungsträgern und wird meistens nicht ausdrücklich diskutiert. Zuerst werden im Vorprojekt die relevanten Risiken ermittelt, um zu entscheiden ob ein Projekt durchgeführt wird. Am Anfang des Hauptprojekts werden diese detailliert besprochen, damit die Risikostrategien des Projekts ausgewählt werden können. Weiters werden die Risiken während des Projektablaufs identifiziert, um zu erfassen, ob es Änderungen bei den Risiken gegeben hat und ob die gewählten Maßnahmen wirksam sind.[13]

2.1.3 Steuerung

Im Gegensatz zur Projektorganisation, Zieldefinition und Phaseneinteilung, die am Anfang des Projekts bearbeitet werden, und zur Termin- und Aufwandsplanung, die vor jeder Projektphase anfallen, kommt die Projektsteuerung während des gesamten Projektablaufs zum Einsatz.

---

[11] Vgl. Patzak (2004), S.203
[12] Vgl. Patzak (2004), S.215
[13] Vgl. Patzak (2004), S.233

Da die Projektplanung vor dem Projektbeginn durchgeführt wird und auf die Zukunft ausgerichtet ist, werden während des Projektablaufs immer wieder Fehler auftreten. Dies führt dazu das Abweichungen vom tatsächlichen Projektablauf zur Planung auftreten werden. Diesen Abweichungen kann nur mittels einer wirkungsvollen Projektsteuerung entgegen gewirkt werden, um eine möglichst genaues Erreichen des Projektziels garantieren zu können.[14]

Eine sorgfältige Planung vor Projektbeginn kann die Projektsteuerung wesentlich erleichtern. Wichtige Instrumente für die Steuerung sind:

- klar definierte Projektaufträge,

- klare Bedingungen und Projektziele,

- Arbeitspaket-Aufträge,

- Zwischenkontrollen,

- Informationsmanagement,

- Kontrolle der Termineinhaltung als auch

- Kontrolle der Einzelergebnisse.

Wenn Verzögerungen und Störungen auftreten, ist das wichtigste Steuerungsinstrument die Analyse der Soll/Ist-Abweichung unter Zuhilfenahme der Entwicklung adäquater Maßnahmen.[15]

2.1.4 Kontrolle

Bei der Projektkontrolle bzw. –überwachung werden Soll/Ist-Abweichungen analysiert. Das heißt, die Sollwerte der Projektplanung werden mit den Ist-Daten verglichen, um Abweichungen festzustellen. Die Kontrolle bezieht sich auf den Projektablauf als auch auf den Projektgegenstand.

Dabei wird beim Projektgegenstand überprüft, ob die Qualitäts-, Funktions- und Leistungsanforderungen erfüllt werden. Für diese Überprüfung ist die Qualitätssicherung zuständig. Wenn ein Arbeitspaket diese Überprüfung

---

[14] Vgl. Litke (2007a), S.161
[15] Vgl. Kessler (2002), S.51

bestanden hat, ist es somit fertig gestellt und damit werden die Kosten und Termine überprüfbar.

Der Prozess der Projektkontrolle findet in drei Phasen statt:

1. Daten, die die aktuelle Projektsituation darstellen, werden bereitgestellt – Ist-Daten

2. Vergleich der Soll- und Ist-Daten, um Abweichungen zwischen den geplanten und den tatsächlichen Werten zu ermitteln – Abweichungsanalyse

3. Bewertung der Ergebnisse: Gründe für die Abweichungen der geplanten und den tatsächlichen Werten feststellen und Maßnahmen zur Behebung der Abweichungen aufzeigen[16]

Instrumente für die Projektkontrolle des Projektleiters sind:

- Kapazitäts-, Termin- und Kostenverfolgung,

- Projektdokumentationen,

- Risikomanagement,

- Überwachung der Projektziele und der Qualität sowie die

- Qualitätsprüfung.

Das Berichtswesen ist das Instrument des Projektauftraggebers.[17]

Zusammenwirken von Projektplanung, -steuerung und kontrolle

Folgende Darstellung zeigt auf, wie die wichtigen Kompenenten eines Projekts, Planung, Steuerung und Kontrolle, im gesamten Projektablauf zusammenspielen und sich gegenseitig beeinflussen:

---

[16] Vgl. Litke (2007a), S.153
[17] Vgl. Kessler (2002), S.50

12

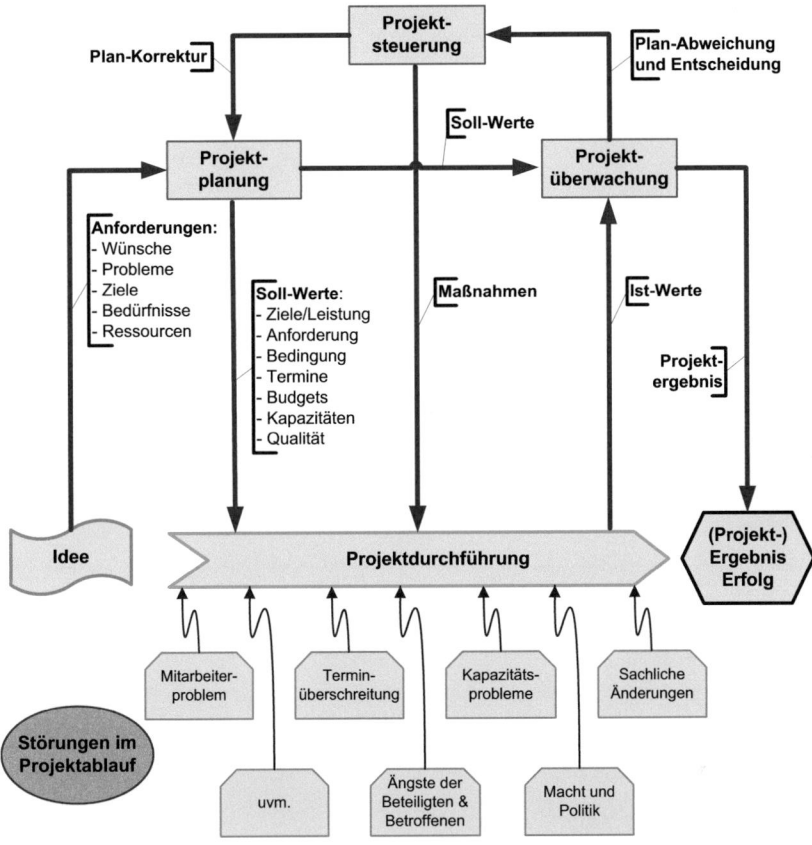

Darstellung 3: Zusammenwirken von Planung, Steuerung und Kontrolle

Quelle: Kessler (2002), S.49

2.2 Management

"Management ist die Transformation von Ressourcen in Nutzen."[18]

Der Begriff Management kann als eine der wichtigsten Neuerungen des 20. Jahrhunderts angesehen werden. Jedoch liegen die Wurzeln des Managements 150 Jahre zurück. Aber das Management als Funktion, als eigenständige Arbeit, als Disziplin und Forschungsgebiet – das sind alles Errungenschaften aus dem 20. Jahrhundert.

Management bezeichnet sowohl eine Funktion als auch die Menschen, die diese wahrnehmen. Es beschreibt eine soziale Stellung und Autorität als auch einen Wissenszweig und Forschungsbereich.

Management sind Aufgaben sowie eine Funktion. Aber das Management sind auch die Menschen, die damit arbeiten. Jeder Erfolg des Managements ist auf die Leistung eines Managers zurückzuführen. Genauso wie jeder Misserfolg auf das Versagen eines Managers zurückzuleiten ist. Management bedeutet auch Menschen zu führen bzw. zu leiten anstatt sie zu zwingen. Die Vision, das Engagement und die Integrität eines Managers bestimmt, ob das Management erfolgreich ist oder nicht.

Management ist eine soziale Funktion, die in eine Tradition der Werte, Bräuche und dem Glauben sowie in staatlichen und politischen Systemen eingebettet ist. Management ist – und sollte auch – kulturabhängig sein. Im Gegenzug formt Management die Kultur und die Gesellschaft.[19]

Management kann laut Malik auf drei verschiedene Arten gesehen werden:
1. Management ist eine Funktion.

   Jede Organisation braucht Management, damit die Organisation funktionieren kann. Dies wird auch die funktionelle Dimension des Managements genannt. In diesem Fall ist das Management weder an organisatorische Elemente noch an Personen gebunden. Es ist nicht mit

---

[18] Malik (2007), S.33
[19] Vgl. Drucker (1974), S.11-25 (Eigene Übersetzung)

den Sinnesorganen erkennbar. Sie wird wirksam durch das Handeln der Menschen.

2. Management ist die Summe von organisatorisch und/oder juristisch definierten Organen in einer Organisation.

Darunter wird z.B. die Geschäftsführung einer GmbH, der Vorstand einer AG, die Regierung eines Staates und ähnliche verstanden. Das ist die sogenannte institutionelle Dimension. Bei höheren und/oder gesetzlich vorgeschriebenen Organen sind die Rechte, Pflichten, Zuständigkeiten und Haftungen durch Statuten, Satzungen oder Gesetze geregelt. Im Gegensatz zu anderen organisatorischen Einheiten, die durch Gewohnheit und Hausverstand geklärt werden.

3. Management sind die Personen der erwähnten Führungsorgane.

In diesem Fall spricht man von der personellen Dimension. Vor allem Begriffe, wie „Topmanagement", werden meist personell verstanden.[20]

Wenn man Manager bei der Arbeit beobachtet, erkennt man dass sie im Grunde alle dieselben Tätigkeiten leisten.

Die Tätigkeiten bzw. Aktivitäten eines Managers werden als Funktionen von Management bezeichnet. Diese Funktionen sind:

1. Planung: Dies ist sowohl der Prozess der Definition der Ziele, die von der Organisation zukünftig erreicht werden sollen als auch die Entscheidung der Maßnahmen bzw. Methoden, um diese zu erreichen.

2. Organisieren: Das ist der Prozess des Gruppierens und Zuordnens der Tätigkeiten und die Bereitstellung der erforderlichen Befugnisse zur Durchführung dieser Tätigkeiten.

3. Stellenbesetzung: So wird der Prozess des Besetzens von Stellen in der Organisationsstruktur mit den qualifiziertesten Personen, die zur Verfügung stehen, bezeichnet.

4. Motivieren: Dies ist der Prozess, Menschen zu ihren Höchstleistungen, im Hinblick auf die Erreichung der organisatorischen Ziele, anzuregen.

5. Controlling: Der Prozess stellt sicher, dass die Ziele einer Organisation erreicht werden.

---

[20] Vgl. Malik (2007), S.16

Zwei wesentliche Prozesse haben all diese fünf Managementfunktionen gemeinsam: die Entscheidungsfindung und die Kommunikation.[21]

2.3 Projektmangement

Projektmanagement kann als die Planung, Terminierung und das Controlling aus einer Reihe von integrierten Aufgaben definiert werden, so dass die Ziele des Projekts erfolgreich und im besten Interesse der Stakeholder erreicht werden. Die Geschäftswelt hat die Wichtigkeit des Projektmanagements für die Zukunft als auch für die Gegenwart verstanden.[22]

Kessler definiert den Begriff Projektmanagement folgendermaßen: Es ist das erforderliche Management, das gebraucht wird, um ein Projekt

✓ *"einer bestimmten Art,*

✓ *in einer bestimmten Zeit,*

✓ *mit bestimmten Ressourcen,*

zu einem bestimmten Ergebnis zu bringen."[23]

Die Neu- oder Reorganisation komplexer Systeme ist ein Vorhaben bzw. Projekt, dass einen vielschichtigen Ablauf hat und viele ineinander verstrickte Tätigkeiten in der Durchführung mit sich bringt. Die Komplexität wird noch zusätzlich durch die vielen Personen, die verschiedene Denkweisen, Interessen und Fachausbildungen haben, erhöht. Solch ein komplexes Vorhaben stellt hohe Ansprüche an die Projektorganisation, -planung, -steuerung und –kontrolle. Projektmanagement dient als Konzept, um ein derartiges Vorhaben zu führen und dessen Organisation zu leiten.[24]

---

[21] Vgl. Dale (1978), S.4ff
[22] Vgl. Kerzner (2000), S.2 (Eigene Übersetzung)
[23] Kessler (2002), S.10
[24] Vgl. Litke (2007a), S.20

2.3.1 Prinzipien

Wenn wir an die Prinzipien des Managements denken, assoziieren wir sie gewöhnlich mit dem Führen von Personen. Das Führen bzw. Managen von Personen beinhaltet die Tätigkeiten des Geschäftsbereichs, die Anzahl und Art der benötigten Mitarbeiter, die Organisation des Personals und die Überwachung bzw. Kontrolle der Erfüllung der dem Mitarbeiter zugewiesenen Aufgaben. Diese Prinzipien gelten auch für Projekte.

Projektmanagement ist eine Methode und eine Reihe von Techniken, die für die anerkannten Prinzipien des Managements für die Planungs-, Beurteilungs- und Controllingtätigkeiten verwendet werden, um ein gewünschtes Endergebnis im zeitlichen und finanziellen Rahmen, gemäß der Spezifikationen, zu erreichen. Die folgenden Abschnitte untersuchen, wie die Anwendung dieser Prinzipien auf die Phasen eines Projektes gelten.[25]

Definitionsphase:

Eine der ersten Aufgaben für Projektmanager ist es, die Arbeit, die in deren Verantwortungsbereich fällt, zu definieren. Genau die gleiche Aufgabe gilt für das Managen von Personen. Im Projektmanagement ist aber die Definitionsphase sehr formell, während es im Personenmanagement oft informell ist.

Da gibt es Parallelen im Vergleich zum traditionellen Projektmanagement. Für den Projektleiter ist die Definition der Aufgaben eine wichtige vorbereitende Phase des Projektlebenszyklus. In dieser Phase kommen der Kunde und der Projektleiter zu einer Einigung über einige wichtige Aspekte des Projekts. Unabhängig von dem verwendeten Format sollte jede gute Definition der Phasen fünf grundlegende Fragen beantworten:

- Was sind die Probleme oder Möglichkeiten, die angesprochen werden sollen?

---

[25] Vgl. Wysocki (2003), S.17ff

- Was ist das Ziel des Projekts?

- Welche Ziele müssen erfüllt sein, um das Endziel erreichen zu können?

- Wie werden wir feststellen, ob das Projekt erfolgreich war?

- Gibt es irgendwelche Annahmen, Risiken oder Hindernissen, die Auswirkung auf den Projekterfolg haben könnten?

Die Definitionsphase zeigt den Umfang des Projekts. Sie bildet die Grundlage für die Entscheidung, ob eine bestimmte Funktion oder Eigenschaft im Rahmen des Projekts ist.[26]

Planungsphase:

Im Personen-Management beinhaltet die Planung Entscheidungen über die Arten der personellen Ressourcen, welche gebraucht werden, um die Aufgaben der Abteilung wahrzunehmen. Das heißt, es müssen die erforderlichen Fähigkeiten sowie die Anzahl der Personen, die diese Fähigkeiten besitzen, ermittelt werden.

Im traditionellen Projektmanagement ist der Projektplan unverzichtbar. Er ist nicht nur ein Projektfahrplan, er ist auch ein Werkzeug für die Entscheidungsfindung. Der Plan schlägt alternative Ansätze, Zeitpläne und Ressourcen-Anforderungen, von denen der Projektmanager die beste Alternative auswählen kann, vor.

Es gibt drei Vorteile für die Entwicklung eines Projektplans:

- ✓ Planung verringert Unsicherheiten

- ✓ Planung erhöht das Verständnis

- ✓ Planung verbessert die Effizienz

---

[26] Vgl. Wysocki (2003), S.18ff

18

Für einen Projektleiter ist es wichtig zu wissen, wohin der Weg führt bzw. führen soll. Die Parameter eines Projekts nicht zu kennen, verhindert, dass die Fortschritte und Ergebnisse gemessen werden können und der Projektleiter nie weiß, wann das Projekt abgeschlossen ist. Der Plan ist auch eine Grundlage für die Messung der durchgeführten Arbeit im Vergleich zur geplanten Arbeit.[27]

Aus- bzw. Durchführungsphase:

Die Ausführung des Projektplans bedeutet, dass die Mitarbeiter ihre jeweiligen Aufgaben, die ihren Arbeitsplatz ausmachen, durchzuführen beginnen. Somit weiß jeder Mitarbeiter, was von ihm oder ihr erwartet wird, wie die Arbeit auszuführen ist und wann sie abgeschlossen sein muss.

Die Ausführung des Projektplans umfasst vier Schritte. Neben der Organisation der Projektmitarbeiter, muss ein Projektmanager noch Folgendes erledigen:

1. Ermittlung der spezifischen Ressourcen (Arbeitskräfte, Geld und Materialien), die benötigt werden, um die im Plan definierte Arbeit zu erfüllen.

2. Den Projektmitarbeitern Tätigkeiten zuweisen.

3. Zeitplan der Tätigkeiten mit spezifischen Start- und Enddatum.

4. Den Projektplan starten.

Die endgültige Spezifikation des Projektzeitplans vereint alle Variablen, die mit dem Projekt verbunden sind.[28]

---

[27] Vgl. Wysocki (2003), S.19ff
[28] Vgl. Wysocki (2003), S.20ff

Controllingphase:

Als Teil des Planungsprozesses wird ein anfänglicher Zeitplan erstellt. Der Zeitplan beinhaltet folgendes:

- Was sollte in dem Projekt erreicht werden?
- Zu welchem Zeitpunkt sollte jede einzelne Aufgabe erfüllt sein?
- Wer ist für den Abschluss jeder einzelnen Aufgabe verantwortlich?
- Welche Leistungen sind nach der Vollendung des Projekts zu erwarten?

Egal, wie aufmerksam das Team bei der Erstellung des Plans ist, die Projektarbeit wird nicht nach Plan ablaufen. Zeitpläne verschieben sich – das ist die Realität des Projektmanagements. Der Projektmanager muss ein System eingerichtet haben, dass ständig den Fortschritt, Stillstand oder Rückschritt des Projekts überwacht. Dieses Überwachungssystem sollte die abgeschlossene Arbeit mit dem Plan vergleichen und sollte auch mögliche zukünftige Probleme wahrnehmen.[29]

Abschlussphase:

Das Abschließen eines Projekts ist ein formales Mittel, um die Fertigstellung der Projektarbeit zu signalisieren und die Ergebnisse dem Kunden zu präsentieren. Den Mitarbeitern wird das Ende eines Projekts durch ein entsprechendes "Abschlusszeichen" mitgeteilt und es wird jeder mit einer neuen Aufgabe konfrontiert.

Die Abschlussphase bewertet, was während des Projekts vorgefallen ist und stellt historische Daten bzw. Informationen zur Planung und Durchführung von späteren Projekten bereit. Diese historischen Daten werden am besten in einem Dokument aufbewahrt – genannt Projekthandbuch. Das Projekthandbuch ist vor allem von großem Nutzen, wenn es in elektronischer Form bereit liegt, so dass es leicht abrufbar ist und Projektinformationen für den Einsatz in laufenden Projekten zusammenfasst.[30]

---

[29] Vgl. Wysocki (2003), S.21
[30] Vgl. Wysocki (2003), S.21ff

2.3.2 Risiken

Risiko bedeutet, dass ein anvisiertes Projektergebnis nicht mit vollständiger Sicherheit realisiert werden kann. Daher spricht man nur von einem Projekt, wenn die Aus- bzw. Durchführung der Aufgaben eines Projekts mit Unsicherheiten verknüpft ist.[31]

Der Projekterfolg kann durch unterschiedliche Gefahren, die das Projekt bedrohen, vereitelt oder wesentlich verringert werden. Aus diesem Grund sollten die Projektrisiken von Beginn an erkannt werden, um gegebenenfalls Maßnahmen gegen sie anwenden zu können.

Deshalb sollte eine Risikoanalyse, die die drohenden Gefahren ermittelt und einschätzt, durchgeführt werden. Dafür müssen folgende Schritte ausgeführt werden:

- ✓ Risikoquellen: Ermittlung der Herkunft des etwaigen Risikos. Das sind beispielsweise: Projektmitarbeiter oder –manager, Betriebsräte oder Personen, die von der Bewältigung des Problems betroffen sind.

- ✓ Risikofaktoren: Bedrohung des Projekts durch Gefahren – auch Risikofaktoren genannt. Risikofaktoren sind z.B. Umwelteinflüsse, Änderungswünsche, Personal, Budgeteinhaltung, Termineinhaltung oder externe Ressourcen.

- ✓ Risikoeinschätzung: Da die Größe der jeweiligen Gefahr verschieden ist, ist es notwendig, das Risiko einzuschätzen und dessen Bedeutung zu eruieren. Die Risikobedeutung ist bedingt durch die Auswirkung des auftretenden Risikos, die Wahrscheinlichkeit des Auftretens und die Wirksamkeit der möglichen Gegenmaßnahmen.

Da diese drei Punkte schwer zu quantifizieren sind, sollten die Risikofaktoren (auch Gefahren genannt) nach ihrer Bedeutung, bezüglich der einzelnen Schritte, gereiht und nummeriert werden. Das Gesamtergebnis ergibt sich durch

---

[31] Vgl. Steinbuch (2000), S.25

21

die Multiplikation oder Addition der drei Nummerierungen der jeweiligen Gefahr. Folgende Darstellung zeigt, wie eine Risikoanalyse aussehen kann:[32]

Risikoanalyse					
Risikofaktor	Risikoaus-wirkung	Auftritts-wahrschein-lichkeit	Maßnahmen-wirksamkeit	Wert	Rang
Lieferanten-terminuntreue	2	1	5	10	1.
Umweltver-träglichkeit	6	3	1	18	3.
Komponenten-verträglichkeit	4	6	4	96	6.
Personaleng-pässe	5	2	7	70	5.
Nachträgliche Änderungs-wünsche	3	4	2	24	4.
Projektgruppen-konflikte	7	7	6	294	7.
Genehmigungs-problematik	1	5	3	15	2.

Darstellung 4: Risikoanalyse
Quelle: Steinbuch (2000), S.64

Somit gehen in diesem Beispiel von der Lieferantenuntreue, von der Genehmigungsproblematik sowie von der Umweltverträglichkeit die größten Gefahren aus.

Diese Risiken sollten in die Planung miteinbezogen und Gegenmaßnahmen überlegt werden, da sie am Wahrscheinlichsten eintreffen werden.[33]

---

[32] Vgl. Steinbuch (2000), S.62ff

2.3.3 Die sechs Gebote des PM[34]

Für ein effektiv arbeitendes Projektmanagement werden häufig sechs Punkte bzw. Gebote genannt, die im betrieblichen Alltag von großer Bedeutung sind. Die Rangfolge dieser Gebote wird von Projektleitern teilweise unterschiedlich beurteilt. Jedoch ist die Reihenfolge der Relevanz der Gebote, laut einer Umfrage bei Projektleitern, folgende:

- ✓ Strenge Hierarchie
- ✓ Aktualität
- ✓ Trendanalysen
- ✓ Störungsstatistik
- ✓ Minimaler Aufwand
- ✓ Einfache Handhabung

Für die jeweiligen Projektmanagementphasen (Planung, Verfolgung und Steuerung) veranschaulicht folgende Tabelle die Relevanz der Gebote.

	Planung	Verfolgung	Steuerung
Strenge Hierarchie	✔		
Minimaler Aufwand	✔	✔	
Einfache Handhabung	✔	✔	
Aktualität		✔	
Trendanalysen			✔
Störungsstatistik			✔

Darstellung 5: Relevanz der Gebote
Quelle: Wischnewski (1999), S.123

---

[33] Vgl. Steinbuch (2000), S.64
[34] Vgl. Wischnewski (1999), S.122-138

Die Reihung der nachstehenden sechs Gebote ergibt sich aus der oben genannten Reihenfolge der Wichtigkeit.

Strenge Hierarchie[35]

Hierbei wird das Projekt streng hierarchisch gegliedert und bis hin zu Arbeitspaketen und Vorgängen herunter gebrochen. Es wird empfohlen das Projekt in maximal fünf Ebenen zu untergliedern. Jede dieser Ebenen kann bis zu neun Arbeitspakete beinhalten. Da dies aber zu über 60.000 Arbeitspakete führen kann und diese zu verwalten nicht möglich sind, wird deshalb eine praktische Limitierung von 500 Arbeitspaketen empfohlen. Von diesen 500 sollten ca. 300 echte Vorgänge und ungefähr 200 übergeordnete Arbeitspakete sein.

Alle Gliederungseinheiten werden im Allgemeinen als Arbeitspakete bezeichnet. Das Gesamtprojekt steht ganz oben – also sozusagen in der Ebene 0. Die Teilprojekte werden auch Arbeitspakete der Ebene 1 genannt. Jede weitere Unterteilung wird als übergeordnetes Arbeitspaket gesehen. Die eigentlichen primären Informationen sind in den Vorgängen enthalten, die die letzte Gliederungsstufe darstellen.

Die Projektstruktur wird in der top-down Methode erarbeitet. Im Gegensatz dazu werden die Ist- und Solldaten durch die bottom-up Methode erfasst.

Aktualität[36]

Bei diesem Gebot liegt der Fokus auf der Aktualität. Für das Projektmanagement ist es zwingend erforderlich, dass es stets über den aktuellen Projektstand informiert ist. Die Aktualität der Informationen ist essentiell für die Projektsteuerung. Viele Informationsbereiche unterliegen einer schnellen Alterung. Zum Beispiel werden oftmals täglich Bestellungen getätigt, Materialanforderungen geschrieben und Anlieferungen erhalten. Dadurch sind Informationen für den Projektleiter, die mehrere Tage oder Wochen alt sind,

---

[35] Vgl. Wischnewski (1999), S.125
[36] Vgl. Wischnewski (1999), S.134ff

nicht zu gebrauchen und verhindern ein erfolgsorientiertes Arbeiten des Projektleiters.

Trendanalysen[37]

Das Gebot der Trendanalysen bedeutet, Schwachstellen anhand von prognostizierten Trendaussagen möglichst frühzeitig zu erkennen. Das heisst, dass eine herannahende Schwachstelle eines Arbeitspaketes vor ihrer ganzen Auswirkung registriert wird und die erforderlichen Maßnahmen zur Behebung eingeleitet werden. Um das frühzeitige Erkennen für das Projektmanagement zu erleichtern, wird oftmals eine aufwands- und terminorientiere Trendanalyse verwendet. Jeder Projektleiter hat Einsicht auf solche Trendanalysen.

Die richtige Projektsteuerung ist nur möglich, wenn die Istwerte analysiert werden. Diese Analyse kann mittels EDV-Unterstützung erfolgen.

Die effektivste Möglichkeit dies zu realisieren, ist durch ein Managementprogramm, das alle Arbeitspakete und Vorgänge automatisch analysiert. Dadurch erhalten die Projektleiter eine Trendanalyse des ganzen Projekts. Auf diese Weise können problematische Arbeitspakete bzw. Vorgänge frühzeitig erkannt werden, die ansonsten aufgrund der täglichen Arbeit noch nicht bemerkt worden wären. Mit dieser Information kann der Projektleiter mit dem Vorgangsverantwortlichen frühzeitig eine Lösung für das drohende Problem finden.

Störungsstatistik[38]

Bei der Störungsstatistik werden sämtliche Störungen eines Projekts systematisch erfasst. Die Ausrichtung dieses Gebots ist zukunftsorientiert – nicht nur auf die momentane Projektsteuerung. Ein Grund für die Einführung von Projektmanagement ist auch die Annahme, dass etwaige Probleme und Fehler im laufenden Projekt auftauchen werden. Aus den aufgetretenen Störungen lernt man für die Zukunft. Durch diese Störungen kommt es meist zu

---

[37] Vgl. Wischnewski (1999), S.136
[38] Vgl. Wischnewski (1999), S.137ff

Termin- oder Kostenüberschreitungen oder die anvisierte technische Lösung kann nicht realisiert werden.

Jede Störung sollte in einem Fortschrittsbericht erfasst werden. Jedoch besteht dabei oft eine Hemmung seitens der Mitarbeiter. Viele Störungen werden von den Mitarbeitern nicht als meldungspflichtige Störungen empfunden oder der Mitarbeiter möchte den Verursacher des Problems nicht nennen. Somit macht sich der Mitarbeiter zum Verantwortlichen für die Folgen dieser Störung. Wenn eine Störung beim Erkennen als solche unverzüglich angegeben wird, kann sich der Projektleiter mit den Betroffenen besprechen und schnellmöglichst eine Lösung finden.

Jedoch kann als Verusacher einer Störung auch der Kunde oder Lieferant auftreten. Auch deshalb ist es von großer Wichtigkeit alle Störungsfälle zu dokumentieren. Um dem Kunden oder Lieferanten seine Schuld beweisen zu können und um bei späteren Projekten diese Störungen vermeiden zu können, ist es von Vorteil das jede erfasste Störung folgende Informationen enthält:

- ✓ Datum
- ✓ Arbeitspaketnummer
- ✓ Störungsgruppe
- ✓ Art der Störung
- ✓ Zeitverzug
- ✓ Mehrkosten
- ✓ Verursacher

Zusammenfassend ist zu sagen, dass es kein Projekt ohne Störungen gibt. Darum sind systematische Aufzeichnungen hilfreich für die Beseitigung und Vermeidung von Störungen bei zukünftigen Projekten. Zudem sind sie eine große Argumentationshilfe für den Projektleiter gegenüber der Geschäftsleitung, dem Lieferanten und dem Kunden.

Minimaler Aufwand[39]

Dieses Gebot verlangt, dass der Aufwand für jeden der Beteiligten so minimal wie möglich gehalten wird. Dem Projektleiter sollte es möglich sein, sich schnell z.B. in eine Liste einarbeiten zu können. Dies ist nur möglich, wenn er nicht ständig verschiedene Listen bekommt und sich dadurch immer wieder neu einarbeiten muss.

Die Aufwand des Projektleiters für die Bedienung der Projektmanagementsoftware und die dafür benötigte Vorbereitungszeit darf nicht 20% übersteigen. Die Zeitverteilung eines Projektleiters ergibt sich normalerweise folgendermaßen:

Darstellung 6: Zeitverteilung eines Projektleiters
Quelle: Vgl. Wischnewski (1999), S.127

Als unproduktive Zeiten (25% der Arbeitszeit) gelten Urlaub, Feiertage, Krankheit, Betriebsversammlungen, Lesen von Rundschreiben, etc. Rund ein Fünftel der Arbeitszeit benötigt der Projektleiter für allgemeine Projektbürotätigkeiten. Ca. 15% der Zeit fallen für Besprechungen an. Für Berichte für die Geschäftsleitung, für den Kunden und für andere Projektleiter als auch für die Bearbeitung von Diagrammen und Listen der

---

[39] Vgl. Wischnewski (1999), S.126-129

Projektmanagementsoftware benötigt der Projektleiter weitere 10% seiner Zeit. Ein Zehntel der Arbeitszeit verbraucht der Projektleiter für Dokumentationen, wie z.B. Dokumente registrieren oder Ein- und Ausgabe der Dokumente. Somit bleiben dem Projektleiter nur noch 20% der Arbeitszeit für die Steuerung des Projektmanagementprogramms. Darunter fallen Tätigkeiten, wie z.B. Fortschrittsberichte, die Eingabe von Fremdleistungen und Störungen als auch die gesamte Kosten- und Terminüberwachung. Daraus ergibt sich, dass der Zeitaufwand für die Eingabe eines Vorgangs im Fortschrittsbericht ungefähr 2-5 Minuten betragen sollte.

Für das Projektmanagement ist das Gebot "Minimaler Aufwand" sehr wichtig, um nicht in der Datenflut unterzugehen und die Daten nutzbringend verarbeiten zu können.

Einfache Handhabung[40]

Das Gebot der einfachen Handhabung bedeutet, dass die Bedienung im Allgemeinen möglichst unkompliziert und unproblematisch ist. Der Hauptgrund für dieses Gebot ist durch das Gebot des minimalen Aufwand gegeben. Ein kompliziertes Managementprogramm, dass viel Zeit in Anspruch nimmt, würde dem Gebot "Minimaler Aufwand" widersprechen. Das Gebot der einfachen Handhabung fordert bzw. berücksichtigt aber auch noch andere Punkte. Die Notwendigkeit einer einfachen Bedienung ist vor allem aus folgenden vier Gründen unentbehrlich:

Einfache Handhabung aufgrund fehlender Spezialisten: Da keine Spezialisten für dio Arbeit, oder teilweise nur zur Unterstützung, zur Verfügung stehen, sollte das Managementkonzept und die Managementsoftware sowohl einfach in der Bedienung und Benutzung als auch transparent sein.

Einfache Handhabung aufgrund seltener Anwendung: Bei Programmen, die nur selten verwendet werden, ist eine unkomplizierte Bedienung bzw. Benutzung mit simplen Funktionen äußerst wichtig.

---

[40] Vgl. Wischnewski (1999), S.130-133

<u>Einfache Handhabung zur Umgehung hoher Schulungskosten:</u> Eine einfache Bedienung der Managementsoftware ist wichtig, da somit umfangreiche Schulungen einiger Projektmitarbeiter vermeidet werden können.

<u>Einfache Handhabung aufgrund schnell gebrauchter Unterlagen:</u> Oftmals werden, zu einem späten Zeitpunkt der Projektplanung oder zur Projektsteuerung, schnell Informationen, Graphiken oder Tabellen benötigt. Aus diesem Grund sollte das Programm einfach zu handhaben sein, damit es schnell und von jedem Benutzer bedient werden kann.

2.3.4 Erfolgsfaktoren

Erfolgsfaktoren DES Projektmanagements

Für ein Projekt muss eine Organisation mit Investitionen rechnen. Darunter fallen das Projektbudget, technische, materielle und personelle Ressourcen sowie die notwendige Zeit. Um diese Investitionen rechtfertigen zu können, muss das Projektergebnis eine positiv verändernde Wirkung auf die Organisation oder dessen Umfeld haben. Das bedeutet, es sollte das Projektziel, unter den vorgegebenen Anforderungen und Bedingungen, realisiert werden. Der Projektnutzen bzw. das -ergebnis sollte die Investition möglichst stark überschreiten.

Aus diesem Grund ist für eine Organisation ein Projekt erst erfolgreich, wenn die vorgegebenen Projektziele verwirklicht wurden und das Projektbudget, die geplanten Ressourcen und/oder die Zeit eingehalten wurden oder sogar unterschritten werden konnten.[41]

Erfolgsfaktoren FÜR Projektmanagement

Diese Erfolgsfaktoren werden in zwei Gruppen aufgeteilt:

- ✓ Erfolgsfaktoren des Rahmens und der Führung
- ✓ Erfolgsfaktoren der Information und des Handelns

---

[41] Vgl. Kessler (2002), S.14ff

Die Erfolgsfaktoren des Rahmens und der Führung beinhalten Instrumente zur Projektsteuerung. Diese Faktoren umfassen neun einzelne untergeordnete Erfolgsfaktoren:

1. PM als schlüssige Theorie

2. PM als nachvollziehbares Konzept

3. PM als gefestigte Führungsphilosophie

4. PM als Hilfsmittel der Unternehmensführung

5. PM als dauerhafter und vollständiger Entwicklungsprozess

6. PM als Qualifizierungs- und Lernprozess

7. PM als ergänzende Organisationseinheit

8. PM als wiederholender Prozess

9. PM als Einstellung bzw. Haltung

Die Erfolgsfaktoren der Information und des Handelns fokussieren sich auf die einzelnen Projekte und umfassen ebenfalls neun untergeordnete Erfolgsfaktoren:

1. PM als Prozess der Problemlösung

2. PM als Handlungsweise und Verhalten

3. PM als Verständigungsmittel bzw. Kommunikation

4. PM als Risikomanagement

5. PM als Management von Informationen

6. PM als Methode und Verfahren

7. PM als Methodenkombination

8. PM als Werkzeug- und Hilfsmittelbox

9. PM als Controlling

Jeder dieser Erfolgsfaktoren ist ein Teil von Projektmanagement, der durch sein Fehlen das Projekt gefährden kann.[42]

2.3.5 Aufgaben

Die Aufgaben des Projektmanagements werden den allgemein bekannten Managementfunktionen untergeordnet. Folgende Darstellung zeigt die Zurodnung der PM-Aufgaben der jeweiligen Managementfunktion:[43]

Management-aufgaben	PM-Aufgaben
Planung	• Strategie des Projekts • Definition und Beauftragung des Projekts • Umfeldbeziehungen planen und analysieren • Risiko analysieren und Maßnahmen planen • Gliederung der Aufgaben • Planung der Qualität • Termin- bzw. Zeitplanung • Planung der Ressourcen • Planung der Kosten • Finanzplanung
Organisation und Kommunikation	• Definition der Rollen • Verantwortungs- und Kompetenzenverteilung • Informationsfluss gestalten • Kommunikation innerhalb des Projektteams und mit den Umfeld gestalten • Projektmarketing

---

[42] Vgl. Kessler (2002), S.15ff
[43] Vgl. Patzak (2004), S.22

	• Schnittstellenmanagement • Projektkultur: Werte, Normen und Regeln gestalten
Teamführung	• Auswahl der Mitarbeiter • Zielklarheit sowie –akzeptanz fördern • Teammitgliederentwicklung fördern • Zusammenarbeit der Mitglieder fördern • Veränderungen initiieren • Arbeitsbedingungen fördern • Entscheidungen bewirken • Auflösung des Teams
Controlling	• Termine, Qualität, Finanzmittel, Kosten und Ressourcen steuern • Planung der Maßnahmen zur Steuerung • Entwicklung der Risiken bzw. Erfolgsfaktoren verfolgen • Maßnahmen anordnen

Darstellung 7: PM-Aufgaben
Quelle: Vgl. Patzak (2004), S.22ff

2.3.6 Ziele

Wenn Projektmanagement als Konzeption zur Führung gesehen wird, so ist es ein Hilfsmittel der Unternehmensführung. Die Kernaufgaben der Unternehmensführung sind, die Organisation so zu positionieren, dass sie sich stetig erfolgreich weiterentwickelt und das Erzielen von hohen Rentabilitäten ermöglicht wird. Somit ergeben sich zwei Ziele des Projektmanagements: die strategische Ausrichtung der Organisation und die Erhöhung des Unternehmenswertes.[44]

Im Gegensatz dazu beschreibt Litke (2007b) drei wesentliche Hauptziele des Projektmanagements: Qualität, Projektendtermin und Projektkosten. Diese sollte immer unter Beobachtung stehen, denn wenn Probleme bei einem dieser Ziele auftreten, werden die anderen durch dieses beeinflusst. Wenn eines dieser Hauptziele nicht mehr erreichbar ist, hat das schwerwiegende Folgen für die anderen Ziele. Um die Verbindungen der Hauptziele zu veranschaulichen, werden sie oftmals in einem Dreieck dargestellt.[45]

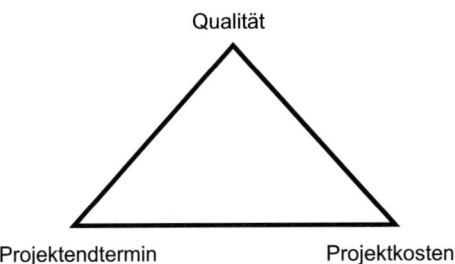

Qualität

Projektendtermin   Projektkosten

Darstellung 8: Zieldreieck des PM
Quelle: Litke (2007b), S.16

---

[44] Vgl. Bea (2008), S.9
[45] Vgl. Litke (2007b), S.16

33

3. Multiprojektmanagement

Zunehmende Komplexität

Da viele Unternehmen eine Vielzahl von Projekten, die immer größer und komplexer werden, gleichzeitig bearbeiten müssen, reicht das gewöhnliche Projektmanagement oft nicht mehr aus. Die begrenzten Ressourcen eines Unternehmens sind dadurch oft schwer aufzuteilen. Um so eine hohe Anzahl an Projekten richtig steuern und erfolgreich managen zu können, können diese Unternehmen sie nur noch anhand des Multiprojektmanagements bewältigen.

In folgendem Kapitel wird dieses Multiprojektmanagement erklärt. Nach der Defintion wird die Organisation des Multiprojektmanagements erläutert. Dabei wird im Speziellen die Matrix- und die Multiprojektorganisation dargestellt. Danach wird auf die Prozesse, Methoden und Techniken eingegangen. Beim nächsten Punkt wird die Multiprojektmanagement-Qualität, im Speziellen die Allokations-, Informations- und Interaktionsqualität, beschrieben. Anschließend wird die Erfolgsbeurteilung dargestellt. Abschließend werden noch die Aspekte des MPM – Programmmanagement und Projektportfoliomanagement – erläutert.

3.1 Definition

Eine Multiprojekt-Umgebung existiert, wenn die meisten Tätigkeiten durch parallel laufende Projekte durchgeführt werden und teils auf die gleichen Ressourcen zurückgreifen. Dadurch wird der Begriff Multiprojektmanagement als Management einer Multiprojekt-Umgebung, dem durch systematisch strukturierte und organisatorische Maßnahmen geholfen wird, verstanden. Es wird als umfassender Managementansatz gesehen, der Methoden und organisatorische Voraussetzungen, die benötigt werden um Projektlandschaften zu managen, berücksichtigt.[46]

Somit ergibt sich folgende Definition von MPM:

---

[46] Vgl. Dammer (2008), S.16ff

"MPM ist der summarische Überbegriff eines ganzheitlichen Managements einer Projektlandschaft durch entsprechende Organisationsstrukturen, Methoden, Prozesse und Anreizsysteme."[47]

Diese Definition des MPMs beinhaltet somit die Gruppierungsmaßnahmen des Programm-Managements sowie den methodischen Ansatz, die Projektlandschaft ganzheitlich zu betrachten, des Projektportfoliomanagements. Des Weiteren schließt das MPM die meisten organisatorischen Maßnahmen mit ein. Solche organisatorische Maßnahmen, für die Förderung der Multiprojekt-Abwicklung, sind z.B.:

- ✓ Matrix-Organisationen
- ✓ Center-Organisationen
- ✓ Zentrale Koordinationsstellen schaffen – auch Projekt Management Office genannt

Zugleich inkludiert das MPM auch, dass die multiprojektabwicklungsfördernden Prämien- und Leistungssysteme für Projektmitarbeiter abgestimmt und etabliert werden.

---

[47] Dammer (2008), S.16

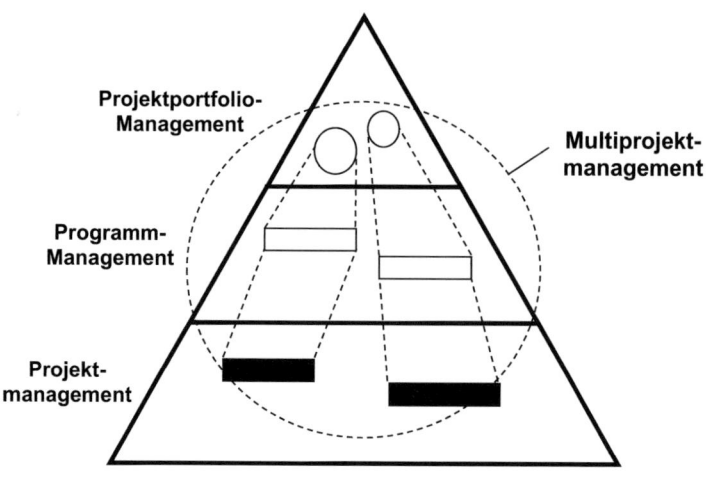

Darstellung 9: Begriffabgrenzung des MPM
Quelle: Dammer (2008), S.17

Diese Darstellung zeigt deutlich, dass das Programm-Management als auch das Projektportfoliomanagement als Methoden verstanden werden. Der Einsatz dieser Methoden lohnt sich für das MPM unter bestimmten Voraussetzungen. Also ist MPM keine zusätzliche Methode, sondern beschreibt sämtliche Strukturen und Maßnahmen, die zur Förderung des nachhaltigen Management der Projektlandschaften, notwendig sind.[48]

3.2 Organisation

Matrix-Organisation

Das geläufigste organisatorische Integrationskonzept ist die Matrix-Organisation, deren Ziel es ist, die Vorteile projektorientierter und funktionaler Strukturen miteinander zu verbinden. Die projektorientierten Strukturen sollen behilflich sein, um unternehmensinterne funktionale Barrieren zu demontieren und dadurch die organisationsübergreifende zielgerichtete Produktentwicklung zu unterstützen. Im Gegensatz dazu sind die funktionalen Strukturen für die Förderung der Mitarbeiter, dazu da um Expertenwissen zu bilden.[49]

---

[48] Vgl. Dammer (2008), S.16ff
[49] Vgl. Dammer (2008), S.28ff

Multiprojekt-Organisation

Eine Unternehmensstruktur, die geeignet ist einzelne Projekte abzuwickeln, hat dadurch oft keinen Vorteil in Hinsicht auf Multiprojektmanagement. Funktionale Strukturen lassen innerhalb einer Multiprojekt-Abwicklung zwischen den unterschiedlichen Entwicklungsprojekten oft einen optimaleren Technologietransfer zu und tragen zur Vermeidung von doppelten Arbeit bei Projekten bei.

Deshalb ist eine MPM-Organisation so einzurichten, dass die gegebenen Vorteile der projektorientierten als auch der funktionalen Organisation verknüpft werden können. Dies soll die Probleme der jeweiligen – funktionalen und projektorientierten – Organisation verhindern. Folgende Darstellung verdeutlicht dies:[50]

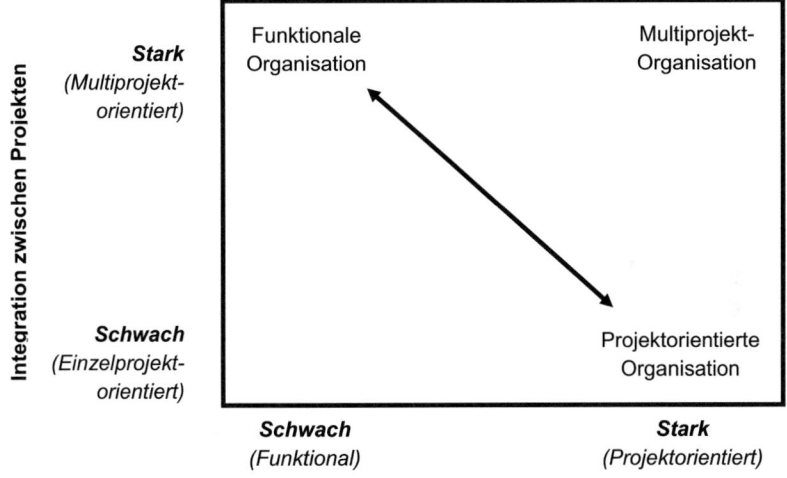

Darstellung 10: Struktur einer Multiprojektorganisation
Quelle: Dammer (2008), S.31

Die horizontale Achse zeigt die Integration zwischen den funktionalen Abteilungen. Projektorientierte Strukturen mit fachübergreifenden Projektteams sind bei der Herstellung abteilungsübergreifender Integration behilflich. Die vertikale Achse stellt die Integration zwischen Projekten dar. Ist die Projektorientierung einer Organisation zu stark, werden Barrieren bzw.

---

[50] Vgl. Dammer (2008), S.30

Hindernisse zwischen den Projekten aufgebaut. Die technische Abstimmung wird durch funktionale Strukturen gefördert, wenn bei diesen die Mitarbeiter trotzdem ihren Abteilungen zugeteilt sind. Die Vorteile dieser zwei Organisationsstrukturen werden durch eine Multiprojekt-Organisation verbunden, wenn ein Gleichgewicht zwischen Autonomie und Integration hergestellt werden kann.[51]

3.3 Prozesse, Methoden und Techniken

Auswahlverfahren und Bewertungsmethoden werden häufig im Zusammenhang mit den Portfoliomanagement-Prozessen eingesetzt. Für das Projektportfoliomanagement ist es notwendig, eine projektübergreifende Abstimmung garantieren zu können. Des Weiteren ist für die Projektabwicklung eine detailliertere Betrachtung aus der übergeordneten Prozesssicht wichtig. Bei dieser Art wird versucht jedes Entwicklungsprojekt mit einem eigenen Prozess-Überbau zu versorgen. Durch Analysen umfangreicher Fallstudien wird ein standardisierter, mehrstufiger Prozess empfohlen, dessen Aufteilung in Phasen durch Entscheidungssitzungen – auch Gates genannt – erfolgt. Darüber hinaus ist noch eine Verbindung des Managements, der Entwicklung und der Organisationsstrategie notwendig.[52]

3.4 MPM-Qualität

Die MPM-Qualität ergibt sich aus drei Qualitätsdimensionen. Diese drei Dimensionen sollen dabei helfen Missstände in der Organisation zeitnäher zu erkennen, als auch Veränderungen der Erfolgsfaktoren frühzeitig wahrnehmen zu können. Somit kann die Multiprojektmanagement-Qualität als Frühwarnsystem verstanden werden. In folgenden drei Absätzen werden die drei Qualitätsdimensionen kurz erklärt:

---

[51] Vgl. Dammer (2008), S.31
[52] Vgl. Dammer (2008), S.34ff

Allokationsqualität: Die Fähigkeit von Unternehmen zeitgerecht, zu richtigen Kosten und mit voller Funktionalität, in Zusammenhang mit deren Fähigkeit Ressourcen effizient zu verteilen, produzieren zu können. Das heißt, dass die Herausforderung darin besteht begrenzte Ressourcen möglichst effizient und effektiv, hinsichtlich der Unternehmensziele, zuzuordnen bzw. zu verteilen.

Informationsqualität: Wie passend bzw. „richtig" eine Entscheidung über die Ressourcenverteilung oder die Projektfortsetzung ist, basiert auf der Qualität der verfügbaren Informationen. Die Qualität der Entscheidungen des Top-Managements hängen davon ab, ob die benötigten Projektinformationen unverzüglich und qualitativ hochwertig verfügbar sind. Die Informationsqualität ist eine unverzichtbare notwendige Voraussetzung, um den Projekterfolg eines Unternehmens gewährleisten zu können.

Interaktionsqualität: Die Interaktionsqualität bedeutet, dass eine gute Zusammenarbeit und eine gegenseitige Unterstützung aller Projektbeteiligten vorhanden ist. Zusätzlich sollen die Projektmanager untereinander Koordinationsprobleme schnell und einfach lösen. Das alles hat ebenfalls Auswirkungen auf den Projekterfolg einer Organisation.[53]

3.5 Erfolgsbeurteilung

Der Erfolg eines MPM wird anhand der Arbeit im Projektportfolio gemessen. Der Projekterfolg wird meistens anhand der drei Dimensionen des, unter 2.3.6 Ziele genannten, Zieldreieck des PM gemessen. Dabei werden die Kosten- und Zeiteinhaltung als auch die Erreichung der geplanten Ziele als Indikatoren, die gut überprüfbar sind, herangezogen. Jedoch ist dieser Messansatz auch kritisch zu betrachten. Denn des Öfteren wird bei den Messmodellen beklagt, dass die theoretische Fundierung unzureichend ist und auch konzeptionelle Fehler vorkommen. Zum Beispiel wird oft nicht berücksichtig, dass der Projekterfolg unterschiedlich interpretiert werden kann. Dies ist abhängig von den involvierten Personen. Des Weiteren wurden früher häufig die Erfolgskriterien eines Projekt vom operativen Projektmanagement entwickelt. Aus diesem Grund wird

---

[53] Vgl. Dammer (2008), S.48-57

gefordert, dass der Projekterfolg zusätzlich anhand einer Verknüpfung von Fragen zum langfristigen Erfolg der Organisation als auch zur organisatorischen Effektivität bewertet wird. Deshalb ist die Kundenzufriedenheit, als ein zusätzliches Erfolgskriterium, von wichtiger Bedeutung.

Somit wird empfohlen die Messung des Projekterfolgs in vier Dimensionen aufzuteilen: Projekteffizienz (Kosten und Zeit), Geschäftserfolg (Projekterfolg am Markt), Einfluss auf die Kunden (Effektivität) und neue Möglichkeiten für die Organisation zu erschließen (neue Produkte, neue Technologien oder neue Märkte). Jedoch verändert sich die Bedeutung dieser Dimensionen je nach zeitlicher Betrachtung. Kurzfristig gesehen ist es wichtig die Projekte effizient durchzuführen. Mittelfristig betrachtet, sollte die Kundenzufriedenheit möglichst hoch sein und langfristig sollte die Zukunft der Organisation gesichert werden.

Somit sollte zusätzlich zu den drei Erfolgskriterien eines Projekts die Kundenzufriedenheit mit einbezogen werden. Dies ermöglicht eine externe, objektive Sichtweise auf den Erfolg des Projekts. Wobei davon ausgegangen werden kann, dass die Kundenzufriedenheit in unmittelbarem Zusammenhang mit den drei anderen Erfolgskriterien zusammenhängt. Denn wenn das Projekt zu richtigen Kosten, in angegebener Zeit und zur zufriedenstellenden Qualität fertiggestellt wird, dann sind auch die Kunden zufrieden.[54]

3.6 Aspekte des MPM: Programm-Mgt. und Projektportfoliomgt.

Das Projektportfolio-Management und das Programm-Management werden oftmals als Synonym für den Begriff Multiprojektmanagement verwendet. Deshalb werden diese Begriffe in folgenden Absätzen abgegrenzt:[55]

Programm-Management

Eine Gruppe von Projekten, die in Beziehung zueinander stehen und mit dafür speziellen Maßnahmen gemanagt werden müssen, wird als Programm bezeichnet. Dieses Management ist somit ein Koordinationsinstrument, dessen Gebrauch zweckdienlich erscheint, wenn die Kosten der Implementierung eines

---

[54] Vgl. Dammer (2008), S.44-48
[55] Vgl. Dammer (2008), S.13

40

projektübergreifenden Programm-Managements niedriger sind als der Nutzen den es bringt. Dies ist zum Beispiel der Fall, wenn durch die Gründung einer weiteren Koordinationsebene die Komplexität, die durch das Management vieler Projekte entsteht, verringert werden kann. Des Weiteren ist es sinnvoll, Projekte zu gruppieren, wenn bestimmte Themen bewusst fokussiert werden sollen. Dadurch können die Projekte untereinander besser abgestimmt werden sowie eine optimalere Kommunikation der wesentlichen Projektinhalte erzielt werden. Oftmals ergibt sich erst beim Zusammenfügen mehrerer Projektbeiträge ein messbarer Nutzen für das Unternehmen, der bei den einzelnen Projekten nicht erkannt werden hätte können. Zudem kann das Programm-Management ebenso als ein Projektmanagement, das organisatorisch institutionalisiert wird, bezeichnet werden, weil es über den einzelnen Projekten eine formalisierte Koordinationsebene einzieht. Dabei unterstehen diese Strukturen des Programms momentanem Charakter. Beim Abschluss des gesamten Programms werden alle mit dem Programm verbundenen Strukturen aufgelöst.

Programm-Management wird meist als eine unterstützende, organisatorische Methode der Projektintegration gesehen, bei der der Einsatz sinnvoll ist, wenn bestimmte Rahmenbedingungen gegeben sind.[56]

Projektportfoliomanagement

Das Projektportfoliomanagement betrachtet die Projekte einer Organisation in der nächsten Ebene. Somit definiert sich Projektportfoliomanagement über die Verbesserung der Projektlandschaft nicht nur über die der einzelnen Projekte. Dabei steht die Ausgestaltung aller Schnittstellen eines Projekts im Mittelpunkt. Des Weiteren sind die Projektbearbeitungsreihenfolge und die Prioritäten zu setzen als auch die Projekte aufeinander abzustimmen für die Zielerreichung von großer Wichtigkeit.

Eine andere Art PPM zu definieren ist, dass die Prozesse der projektübergreifenden Entscheidungen, vor allem die Projekte Ressourcen zuzuordnen, der zentrale Entscheidungsbedarf ist.

---

[56] Vgl. Dammer (2008), S.14

Eine weitere Möglichkeit ist eine Definition des Projektportfoliomanagements aus der Sicht des strategischen Managements. In diesem Fall wird es als Planungsrahmen, der der Strukturierung bzw. Gliederung des Denkens, in Bezug auf ein Planungssystem, behilflich ist, angesehen. Bei dieser Definition wird PPM als Unterstützung strategische Organisationsziele zu realisieren, verstanden. Dabei wird es als Instrument bzw. Hilfsmittel der Unternehmensleitung interpretiert, was eine bessere Steuerung und Kontrolle bei der Strategieeinführung ermöglicht.

Alles in allem wird PPM als methodischer, prozessorientierter Ansatz gesehen, der ein projektübergreifend handelndes Management der Projektlandschaft unterstützt.[57]

---

[57] Vgl. Dammer (2008), S.15ff

4. Project Management Office

Durch die Vielzahl an komplexen Projekten in Unternehmen und den dadurch notwendigen Gebrauch vom Multiprojektmanagement wird es immer schwerer den Überblick über die Ressourcen, den Zeitplan, die Kosten, uvm. zu behalten. Dadurch wird immer häufiger eine eigene Abteilung für das (Multi-)Projektmanagement der Organisation eingerichtet – diese wird Project Management Office genannt.

In folgendem Kapitel wird das Project Management Office erläutert. An die Defintion des PMO folgen die Versprechungen des PMO und als Unterkapitel dessen Vorteile. Anschließend folgen die Merkmale und Eigenschaften des PMOs und eine kurze zusammenfassende Erklärung der Rolle des PMOs. Danach werden die Funktionen des PMOs dargestellt. Dabei wird im Speziellen auf die projektorientierten und die unternehmensorientierten Funktionen eingegangen. Abschließend wird noch die Implementierung eines PMOs genauer erklärt.

4.1 Definition

Eine der wichtigsten Entwicklungen der letzten Jahre war die Formalisierung der Einführung des PMO und ihre zunehmende Bedeutung für die Organisation. Aufgrund der positiven Auswirkungen der Implementierung eines PMO entscheiden sich immer mehr Organisationen ein PMO, zur Unterstützung und Verwaltung des PM, zu gründen. Es ist nicht mehr ausschließlich eine Organisation mit Mitarbeitern, die die Zeitplanung, Betreuungsaktivitäten und den Einsatz von PM-Software für ein einziges großes Projekt bereitstellt, sondern es wird immer mehr eine wesentliche Komponente für den zukünftigen Erfolg des Unternehmens. Ein solcher Trend wird sich nur fortsetzen, solange Projekte einen wichtigen Teil des Geschäftslebens für immer mehr Organisationen werden.

Das PMO ist als eine Gruppe von Personen, die autorisiert ist für ein Projekt zu sprechen und als Mittel zur Pflege der PM-Fähigkeiten hinsichtlich der Verbesserung der Methoden und Verfahren, anzusehen. In vielerlei Hinsicht ist das PMO ähnlich einer Disziplinarstelle, wie im Bauingenieurwesen, Maschinenbau, in der Computertechnik, etc., die in der konstruktiven Entwicklung zu finden sind. Das PMO kann auch als Project Office, Project Support Office, Project Management Office, Project Management Group, Project Management Center of Excellence oder Direktion des PM bezeichnet werden. Unabhängig vom operativen Titel ist ein PMO eine organisatorische Einheit mit Vollzeitbeschäftigten, um eine Anlaufstelle für das PM bereitzustellen.[58]

4.2 PMO Versprechungen

Unter anderem bietet das PMO eine Infrastruktur für Instrumente, Werkzeuge und Know-How im Bereich des Projektmanagements. Um einen anhaltenden Erfolg von organisatorischen Projekten bieten zu können und um die Vorteile von formalisierten PM hervorzuheben, verwaltet das PMO eine Verrechnungsstelle für PM Best Practices. Um den dringenden Projektbedürfnissen dienen zu können, bietet das PMO eine Infrastruktur für die aktuellen Projektmanager, um mit schwierigen Situationen umgehen zu können, und es richtet ein Hilfsprogramm für das jeweilige Projekt ein.

Ein voll entwickeltes PMO hat die Möglichkeit Dienstleistungen, organisatorische Kernpunkte und PM-unterstützende Bereiche bereitzustellen. Die Aufgaben und Ziele des PMO werden durch Training, Beratung und Betreuung des Projektpersonals und durch die Vergrößerung des Projektteams erfüllt. Des Weiteren da PMO als Verrechnungsstelle für PM Best Practices dient, was die Kommunikation innerhalb der Organisation fördert. Eine subtile und doch wichtige Funktion des PMO ist es, das organisatorische Bewusstsein, für die Bedeutung der Integration von PM-Verfahren und -Kultur in der Organisation, zu erhöhen. Es ist nicht mehr sinnvoll für jeden einzelnen Projektmanager eine spezielle Vorgehensweise zu bestimmen, sondern das PMO wendet eine standardisierte Methode für alle Projekte innerhalb einer Organisation an. Die spannendste Funktionen des PMO ist eine PM-Kultur zu vermitteln und die organisatorischen Anerkennung der PM-Mitarbeiter zu fördern. Die Aktivitäten des PMO können in zwei Kategorien unterteilt werden,

---

[58] Vgl. Rad (2002), S.1 (Eigene Übersetzung)

projektorientiert und unternehmensorientiert. Die projektorientierten Aktivitäten sind in Augmenting (Vergrößerung des Projektteams), Mentoring (Betreuung des Projektteams) und Consulting (Beratung des Projektteams) unterteilt. Die unternehmensorientierten Aktivitäten werden in Training (Training bzw. Ausbildung), Archiving (Archivierung), Practicing (Üben) und Promoting (Förderung) aufgeteilt.

Die Ergebnisse der Funktionen, Beratung (Consulting) und Betreuung (Mentoring), sollen die Projektmanager mit fallspezifischen Informationen und Wissen versorgen, so dass sie ihre aktuellen Projekte abschließen können. Die Trainingsfunktion soll in der Regel Fähigkeiten und Kenntnisse den Projektverantwortlichen vermitteln, so dass sie ihre Aufgaben in künftigen Projekten, ohne die Unterstützung von Betreuern oder Beratern, effektiver erfüllen können. Auf der Unternehmensebene arbeitet das PMO um sicherzustellen, dass das PM Training, hinsichtlich der Integrität des Bildungsplans, durch die gesamte Organisation konsistent ist.

Es gibt besondere Fälle, bei denen es die Zeit nicht ermöglicht oder sich die Gelegenheit nicht bietet, die Einführung eines Ausbildungsprogramms oder wenigstens den Beratung- bzw. Betreuungsprozess durchzuführen. Unter diesen Umständen ist ein Mitglied des PMO einem Projekt zugeordnet, um die Aufgaben, die unzureichend ausgestattet und/oder dringend sind, auszuführen. Zu den typischen Funktionen des PMO gehören Archivierung der Projektperformance-Daten, Erfassung der Erfahrungen und Erkenntnissen, Einrichtung eines Wissensmanagementsystems, Entwicklung von Checklisten, Erstellung von Software-Rezensionen und die Formulierung von Dokumenten. So gesehen wird das PMO eine Art Verrechnungsstelle für Informationen für alle Projektmanager werden. Das PMO gewährleistet Beständigkeit und Gleichmäßigkeit für alle Projekte innerhalb der Organisation durch die Bereitstellung eines zentralen Bezugspunkts für Richtlinien und Verfahren.[59]

---

[59] Vgl. Rad (2002), S.2ff (Eigene Übersetzung)

Vorteile

Die Vorteile eines PMO sind etwas subtil, aber bedeutsam. Idealerweise sollte die Motivation für die Gründung eines PMO ein Wunsch der Organisation sein, sich auszuzeichnen und sich auf die Verbesserung der Kompetenzen von Projektleitern zu konzentrieren. Natürlich ist ein PMO die erste Wahl, wenn eine Organisation den Wunsch hat Maßstäbe zu setzen und hervorragend beim Managen von erfolgreichen Projekten zu sein. Ein angenehmer Nebeneffekt dieser Strategie ist die Verbesserung der Leistungsfähigkeit und Profitabilität. Allerdings wird manchmal der Antrieb für die Implementierung eines PMO durch eine schlechte Leistung von Projekten unterstützt. Eine Organisation ist ein guter Kandidat für ein PMO, wenn die direkten und indirekten Kosten für die Unterstützung von kritischen Projekten höher sind als die Kosten, die die Organisation bereit ist, auszugeben. Obwohl verschiedene Interessensvertreter die Projekt-Erfolgsfaktoren unterschiedlich charakterisieren, ist die Notwendigkeit eines PMO, durch schlechte Performance der wichtigsten Projekte und/oder der Wunsch kritische Projekte zu stabilisieren, gegeben. Die schlechte Performance eines Projekts und die Notwendigkeit eines PMO kann der Organisation von jedem seiner Interessensvertreter gemeldet werden, wie zum Beispiel von Kunden, von Teammitglieder, vom Projektleiter, von unterstützenden Organisationen oder von der Buchhaltung.

Die Vorteile eines PMO inkludieren die Verwirklichung von formalisierten und konsequenten PM Praktiken in der gesamten Organisation und Verbesserungen in der Projekt-Performance. Ein PMO ist eine zeitgerechte und sachgemäße Einheit für Organisationen mit mehreren Projekten, mehreren Lieferanten, mehreren Ressourcen, mehreren Standorten, mehreren Partnerorganisationen oder mit komplexen Kundenanforderungen. Darüber hinaus kann ein PMO in Organisationen, die ungewöhnliche Umsetzungskomplikationen haben, außerordentlich hilfreich sein. Die Ziele eines PMO können in Dringlichkeit und Perfektion variieren. Wenn das Unternehmen eine zukunftsorientierte Vorgehensweise hinsichtlich der Performance der Unternehmensprojekte hat, wäre das Ziel Industriestandards, durch die Erreichung einer hervorragenden Leistung, zu setzen. Weniger ehrgeizige Ziele könnten, die PM Performance zu verbessern oder das derzeitige Projekt zeitgemäß und innerhalb des Budgets fertigzustellen, sein. Bei der Einführung eines PMO sollte die Aufmerksamkeit auf die Teile der strategischen Ausrichtung der Organisation, die mit der PM-Funktion zu tun haben, konzentriert werden.

Normalerweise sollten die organisatorischen langfristigen Pläne Posten, wie die Verminderung der Projektüberschreitungen, die Verbesserung des Ressourcenauswahlverfahrens, Steigerung der Kundenzufriedenheit und Erhöhung der Liefergeschwindigkeit von Projekten, umfassen. Die Verfeinerung der PMO Strukturen und ihrer Finanzierung variieren im Allgemeinen je nachdem, ob die allgemeinen Ziele die von Projekt-zu-Projekt Performance, Projektperformance eines Bereiches, organisatorische Projektperformance oder die organisatorische PM Reife, verbessern sollen. Je nach Bedingungen besetzt ein PMO nur eine kleine Ecke des Projektleiterbüros und/oder nimmt nur einen relativ kleinen Teil der Zeit des Managers in Anspruch. Das andere Extrem ist, wenn das PMO ein ganzes Gebäude mit Hunderten von Mitarbeitern benötigt, um die Projektaufträge einer Organisation zu erfüllen.[60]

Die Existenz eines PMO ermöglicht der Organisation eine formalisierte und einheitliche Auswahl der Projekte durch Projektportfoliomanagement, das im Einklang mit den strategischen Plänen der Organisation ist, durchzuführen. Darüber hinaus gewährt die Zentralität der Projektplanung und Projektperformance-Informationen der Organisation eine effektivere und effizientere Koordination von mehreren Projekten in Form von Ressourcen, Kosten und Schnittstellen. In Bezug auf einzelne Projekte besitzt der Projektmanager den Luxus das Projekt, mit einer fundierten Auffassung der Vergangenheit und einer schlüssigen Aussicht auf die Zukunft, zu managen. Daher werden kritische Projekte beim ersten Anzeichen von Schwierigkeiten identifiziert und stabilisiert. Eine solch informierte Ansicht der Projekte könnte sogar verhindern, dass viele Projekte zu kritischen Projekten werden.

Die Vorteile eines PMO sind zudem die Verfügbarkeit von Instrumenten, Werkzeugen, Techniken und Prinzipien zur erleichterten Einführung von

---

[60] Vgl. Rad (2002), S.3ff (Eigene Übersetzung)

quantitativen Perfomancekriterien, wie Projektkosten, Zeitplan und Umfang. Die, vom PMO entwickelten und gepflegten, Werkzeuge und Techniken stellen auch Schemata bereit, die sich mit den unscheinbaren Bereichen der Kundenzufriedenheit, der Teameinstellung und dem Teamverhalten befassen.

Es ist durchaus möglich, dass die hier beschriebenen Funktionen des PMO bereits in der Organisation entweder einzeln oder gesamt bestehen – sie werden nur nicht als PMO bezeichnet. Organisationen, die empfindlich auf die erfolgreiche Performance von Projekten sind, müssen für die Gründung eines PMO keinen beträchtlichen zusätzlichen Geldbetrag aufbringen. Diese Organisationen sind in der Regel in Bereichen, wie Bau, Raumfahrt und Verteidigung, tätig, die schon lange standardisierte Vorgehensweisen und PM-Software für Großprojekte einsetzen. Auf der anderen Seite können die Kosten für die Gründung eines umfassenden PMO eine große Investition darstellen, wenn die Organisation nie bewusst auf die Bedürfnisse der Projekte eingegangen ist.[61]

4.3 Merkmale und Eigenschaften

Das Thema PMO Funktionen umfasst das gesamte Spektrum der PM Kompetenzen. Diese Kompetenzen können in zwei große Kategorien aufgeteilt werden: den Umgang mit Personen und den Umgang mit Sachen bzw. Gegenständen. Personenorientierte Aktivitäten inkludieren Führung, Konfliktmanagement, Vertragsgestaltung, Verhandlungen und Kommunikation innerhalb und außerhalb des Teams. Sachbezogene Aktivitäten umfassen Fertigkeiten und Werkzeuge, die für die Planung, Management der Aufgabenstellung, Kostenschätzung, Zeitplanung sowie für die Ermittlung der Risikoanalyse und –steuerung, erforderlich sind. Zudem gehören zu den Werkzeugen auch Verfahren zur Überwachung, Prüfung der Checklisten, Performance-Kennzahlen, Dokumentationen, Vorlagen, Change Management und Standards.

---

[61] Vgl. Rad (2002), S.4ff (Eigene Übersetzung)

Unternehmensziele decken denselben Wissensbereich wie die Projektziele ab, aber ihre positiven Auswirkungen sind langfristig und für die gesamte Organisation anwendbar. Diese langfristigen und universellen Ziele werden durch Training, Sammlung und Verbreitung von bewährten Praktiken, Entwicklung von Formen, Einrichtung von Richtlinien und Standards sowie Anstrengungen zur Förderung der Professionalität der PM Disziplin, bereitgestellt. Für die langfristige proaktive administrative Funktion entwickelt ein PMO ein Wissensmanagement-System für die Organisation und verwaltet ein Archiv aktueller und früherer Probleme von Projektmanagern. Ein PMO verwaltet auch eine Liste potenzieller Auftragnehmer und Lieferanten. Eine solche Liste beinhaltet eine detaillierte Performance-Verlauf jedes Lieferanten oder Auftragnehmers, die als Referenz für die Planung der Ausschreibung und die Auftragsvergabe verwendet wird. Zusätzlich bietet das PMO ein Vorrat von Software-Tools für PM und dessen verwandten Bereiche sowie ein Vorrat von Verwaltungsprogrammen, wie Checklisten und Formulare um Projekte zu managen und dokumentieren.

Projektspezifische Funktionen des PMO umfassen unter anderem die Erleichterung der teambildenden Aktivitäten und Organisation von Problemlösungsmöglichkeiten, Personalbetreuung, Entwerfen von Standards, Bereitstellung einer Verrechnungsstelle für die Projektdaten, Verteilen von Informationen über Projektmaterialien und –ausrüstungen, Dokumentation der Projektaktivitäten und –erfolgsfaktoren, Unterstützung bei der Budgetierung und Kostenrechnung, Anbieten von Tools, wie Web-Seiten und Newsletter, Organisation von Sitzungen über den Projektfortschritt und die Verwaltung eines zentralen Projekttreffpunkts, ähnlich einem sogenannten "War Room". Das PMO bietet Beratung, Unterstützung und Hilfestellung für das Projektteam zur Bewältigung der quantitativen und qualitativen Aspekte des Projekts, an. Die projektorientierten Funktionen sind kurzfristige und abhelfende Funktionen und stellen Experten für diejenigen bereit, die solche Dienste für die Unterstützung aktueller Projektmanager und Ausbildung zukünftiger Projektmanager wünschen oder benötigen. Von den PMO Funktionen profitieren sowohl die Projekt- als auch die Unternehmensziele. Diese Ziele umfassen die sofortige Unterstützung bei der Abhilfe laufender Projekte mit schlechter Performance in den Bereichen des Management der

Aufgabenstellung, Kosten, Qualität, Zeitplan, Risiko, Vertrag, Integration, Veränderung der Umwelt, Kommunikation und dem Management der Beziehungen innerhalb des Teams, mit dem Kunden und dem Lieferanten.[62]

Die Rolle des PMO

Ein typisches Projekt wird oftmals mit dem Doppelten des ursprünglichen geplanten Budgets und der Doppelten der geplanten Zeit abgeschlossen. Die Projekte sollten in regelmäßigen Abständen geprüft werden, um Problembereiche zu isolieren und Pläne, die kritische Projekte in einem akzeptablen Zustand bringen sollen, zu entwickeln. Wenn ein Projekt erheblich von dem erwarteten Fortschritt abweicht, dann müssen formelle Recovery-Pläne (Pläne zur Genesung bzw. Wiederbelebung) entwickelt werden. Das Projekt muss erneut mit einer Reihe von realistischen und sachlichen Plänen initialisiert werden. Das PMO kann die Recovery-Pläne unterstützen, in dem es anhand von Beratung, Betreuung oder durch Vergrößerung des Projektteams hilfreich ist. In kurzer Form kann dies als die Rolle des Project Management Offices gesehen werden.[63]

4.4 Funktionen des PMO

Es gibt verschiedenste Beschreibungen der Funktionen eines PMO. Die wesentlichen Gründe dafür sind, dass sich das Konzept des PMO ständig weiterentwickelt. Das PMO arbeitet auf einem Kontinuum, von der Bereitstellung von Support-Funktionen für Projekt-Manager bis zur Verantwortlichkeit für die Projektergebnisse.

Die Aufgaben eines Project Management Office kann in fünf Ebenen eingeteilt werden.

1. Ebene: Es wird ein Projekt unterstützt.

2. Ebene: Es werden mehrere Projekte innerhalb eines speziellen Gebiets unterstützt.

---

[62] Vgl. Rad (2002), S.5ff (Eigene Übersetzung)
[63] Vgl. Rad (2002), S.38ff (Eigene Übersetzung)

50

3. Ebene: Unterstützung einer Abteilung in der Organisation mit all ihren Projekten.

4. Ebene: PMO unterstützt die komplette Organisation mit ihren Projekten.

5. Ebene: Hier wäre das PMO strategisch in der Führungsebene platziert und würde die Strategieentscheidungen als auch die Ressourcenverteilung auf Unternehmensebene unterstützen. [64]

In den folgenden Absätzen werden die projektorientierte und unternehmensorientierte Funktion des PMO genauer erläutert.

4.4.1 Projektorientierte Funktion

Der direkteste Weg zur Verbesserung der Projektleistung ist durch „Augmenting" (Vergrößerung), in dem das Projekt Management Office Personal für das Projekt bereitstellt, um bestimmte Aufgaben erfüllen zu können. „Mentoring" (Betreuung) ist der Prozess, bei dem PMO-Mitarbeiter mit Projektmitarbeitern zusammenarbeiten, um die ordnungsgemäße Ausführung bestimmter Aufgaben zu gewährleisten. „Consulting" (Beratung) ist der Prozess, bei dem das PMO gelegentlich problemlösende Ideen bereitstellt. Die unangebrachte Eile und das ungeplant hohe Tempo, das üblicherweise Projekten aufgedrängt wird, wirkt sich oft auf die Prozesse der Vergrößerung, Betreuung und Beratung aus, da sie zum Ersatz für die Ausbildung werden. Weiterbildung ist der nächste logische Schritt in dem unwahrscheinlichen Fall, dass es die Dringlichkeit des Projektauftrags zulässt.

Das Projekt Management Office bietet Betreuungs- und Beratungsdienstleistungen in allen Bereichen des Projektmanagements. Der Betreuungs- und Beratungsaufwand ermöglicht den Projektteammitgliedern für den Projektnutzen zufriedenstellende Leistungen zu erbringen. Im Vergleich dazu erhöht eine Ausbildung die Kompetenz der Organisation und verbessert die Effizienz der künftigen Projektleiter, wenn ausreichend Zeit vorhanden ist, um Projektleiter und -teammitglieder zu schulen. Die Bereiche, die von den PMO-Aktivitäten abgedeckt werden, sind die Planung, Kalkulation,

---

[64] Vgl. Rad (2002), S.125 (Eigene Übersetzung)

Terminplanung, Risikomanagement, Personalmanagement und allgemeine Unterstützung bei der Umsetzung des Projekts. Der richtige Einsatz von geeigneter Software für jede Projektphase ist in diesen PMO-Funktionen enthalten.

Das PMO sollte Richtlinien für unternehmensweite Kompetenzen, projektspezifische Fertigkeiten und Instrumente für das Krisenmanagement einführen. Diese Richtlinien werden verwendet, wenn bestimmt wird, dass die PMO-Mitarbeiter bei der Wiederbelebung eines Projekts beteiligt sind. Das PMO und das Projektteam werden gemeinsam vereinbaren, ob eine Geschäftsbeziehung für ein bestimmtes Projekt nützlich und/oder notwendig ist. Des Weiteren werden sie die Grundelemente der Beziehung, wie z.B. der erwartete Nutzen der Beziehung, wie stark das PMO bei dem Projekt involviert ist, unmittelbare Ziele, Projektziele und wichtige Meilensteine des Projekts, definieren. Darüber hinaus wird die Vereinbarung Details über die Kontakthäufigkeit, die Dauer der jeweiligen Sitzungen und die Verantwortungsbereiche beider Parteien, beinhalten.[65]

Die projektorientierten Funktionen haben in der Regel kurzfristige Auswirkungen auf das Projekt, obwohl das PMO im Idealfall vor allem auf die langfristigen Projektmanagement-Missionen der Organisation ausgerichtet sein sollte. Projektorientierte Funktionen beabsichtigen eine sofortige Auswirkung auf die Durchführung des Projekts zu haben und haben in der Regel den Zweck einer Sanierung. Oftmals sind die projektorientierten Funktionen die einzigen die einem Projektleiter unterstützend und fördernd durch eine verkürzte Form des PMO, auch Projektbüro genannt, zur Verfügung stehen. Die Lösungen werden unverzüglich von diesen Funktionen mit fast allen Ergebnissen bereitgestellt. Das PMO dient dem Projektleiter zur Unterstützung, so dass dieser sich auf die Erreichung der Projektziele, auf die Projektdurchführung, die Zeitvorgaben und die Arbeitsergebnisse konzentrieren kann. Tatsache ist jedoch, dass die Gesamtkosten für die Bereitstellung dieser kurzfristigen Förderung weit höher sind als die Bereitstellung der vorausschauenden langfristigen Lösungen. Die

---

[65] Vgl. Rad (2002), S.130ff (Eigene Übersetzung)

drei Funktionen, augmenting, mentoring und consulting, sind zeitkritisch und daher ähnlich dem Krisenmanagement.[66]

Die folgende Darstellung zeigt kurz gefasst nochmals die projektorientierten Funktionen:

Augmenting (Vergrößerung)	Die Lücken im Team füllen
Mentoring (Betreuung)	Seite an Seite mit neuen Teammitgliedern arbeiten
Consulting (Beratung)	Gelegentliche Validierung und Unterstützung anbieten

Darstellung 11: Projektorientierte Funktionen
Quelle: Vgl. Rad (2002), S.130 (Eigene Übersetzung)

4.4.2 Unternehmensorientierte Funktion

Das Projekt Management Office ist der Schwerpunkt für Verbesserung und Erweiterung des Projektmanagement. Diese Mission wird durch Einführung bewährter Praktiken und Ausbildung in allen Projektmanagement-Bereichen erfüllt. Es wird zur Verantwortung des PMO sich auf Gebiete, wie die Weiterentwicklung durch Erfahrungen bzw. Erkenntnissen als auch auf standardisierte Methoden, zu konzentrieren. Das PMO dient als Vermittler, als Ermöglicher und Vertreter für verbesserte Performance bei allen Projekten in einer Organisation. Das PMO definiert kontinuierlich quantitative Ziele für die Verbesserung der Projektmanagement-Prozesse. Des Weiteren pflegt es ein umfangreiches geordnetes Archiv der Projekt Performance-Daten zusammen mit einer sich entwickelnden Liste der Erfahrungen für alle Aspekte des Projektmanagements. Der nächste natürliche Schritt ist die Integration und Verbreitung dieser bewährten Praktiken in die unternehmerischen Projektmanagementstrategien. Denn jedes Projekt wird als Chance, die Projektabläufe und unternehmerische Vorgehensweise zu verbessern, betrachtet.

---

[66] Vgl. Rad (2002), S.131ff (Eigene Übersetzung)

Das PMO kann einfach zu bedienende und präzise Modelle und Verfahren für Schätzung und Zeitpläne bereitstellen. Es kann das unternehmerische Projektmanagement unterstützen, indem es Instrumente für die Planung, das Ressourcenmanagement, die Zeiterfassung, die Kalkulation, das Konfigurationsmanagement, das Anforderungsmanagement, das Risikomanagement und ein zentraler Aufbewahrungsort für Erfahrungen bzw. Erkenntnisse bereitstellt.

Letztlich kann und sollte das PMO messbare Ziele für eine kontinuierliche Verbesserung der unternehmerischen Projektmanagement-Kompetenz etablieren. Es ist wichtig organisatorische Ziele für die Verbesserung in der Projektmanagement-Kompetenz zu entwickeln und dann später die erreichten Fortschritte mit den geplanten Zielen zu vergleichen. Essentiell in diesem Prozess ist die Entwicklung von Strategien für die Datenerhebung, die Datenverfeinerung, die Datenanalyse und das Berichtswesen der Projektergebnisse. Um die Effektivität der PM-Aktivitäten zu ermitteln, werden Daten gesammelt, damit der Fortschritt der gesteigerten PM-Kompetenz mit den Planzielen verglichen werden kann. Um sicherzustellen, dass eine Organisation höchste Rückzahlung aus ihrer Investition in professionelles Projektmanagement erhält, kann ein kontinuierliches Verbesserungsprogramm, mit Fokus auf die Erfahrungen, die optimale Formel für langfristigen unternehmerischen Erfolg sein.[67]

Die folgende Darstellung zeigt die wichtigsten unternehmensorientierten Funktionen eines PMO in Kurzform:

---

[67] Vgl. Rad (2002), S.143ff (Eigene Übersetzung)

Promote	Befürworter der PM-Kultur, durch Aufzeigen der greifbaren Vorteile einer Unternehmensstrategie
Archive	Dient als Verrechnungsstelle für Projektergebnisinformationen
Practice	Verbreitung bewährter Praktiken und modernster Verfahren und Richtlinien
Train	Bietet fortlaufende Training für alle Facetten des PM

Darstellung 12: Unternehmensorientierte Funktionen
Quelle: Vgl. Rad (2002), S.145 (Eigene Übersetzung)

4.5 Implementierung eines PMO

Die Implementierung eines PMO verbessert den Projekterfolg in den Bereichen: Umfang, Qualität, Kosten, Zeitplanung und Kundenzufriedenheit. Ein PMO wird beauftragt, den Fokus des Unternehmens sowohl auf qualitative und quantitative Aspekte des Projektmanagement zu richten. Mit konsequenten Instrumenten und Verfahren und kompetenten Mitarbeiter, die diese integrierten Verfahren ausführen, wird die Organisation eine höhere Erfolgsrate bei Projekten erlangen. Dies führt zu geringeren Gesamtprojektkosten was wiederum den Unternehmensgewinn erhöht.

Aus organisatorischer und Kundensicht sind die primären Attribute, Kosten, Zeitplanung, Umfang und Kundenzufriedenheit, die über Erfolg oder Misserfolg eines Projekts entscheiden. Projekte müssen auf die Kundenbedürfnisse eingehen und auf die Marktbedingungen reagieren. Des Weiteren müssen sie auf die festgelegten Unternehmensziele eingehen. Ein PMO optimiert die Werte dieser Erfolgsfaktoren durch die Entwicklung von konsistenten Verfahren und Instrumenten, die auf unternehmensspezifischen historischen Informationen als auch auf branchenweiten Erfolgsmethoden basieren. Betreuung, Beratung, Archivierung, Förderung und Fortbildungsmaßnahmen sind Funktionen, die die Verbreitung und Anwendung dieser Fähigkeiten und Kenntnissen in der gesamten Organisation gewährleisten. [68]

---

[68] Vgl. Rad (2002), S.155 (Eigene Übersetzung)

Motivation

Die Kosten für die Schaffung eines voll entwickelten PMOs kann eine erhebliche Investition sein, wenn die Organisation nie bewusst auf die Bedürfnisse der Projekte eingegangen ist. Andererseits ist es für Organisationen, die sehr empfindlich gegenüber dem Projekterfolg und der Projektleistung sind, nicht notwendig zusätzlich einen beträchtlichen Geldbetrag für die Gründung eines formalisierten PMOs auszugeben. Es ist durchaus möglich, dass die hier beschriebenen PMO Funktionen, entweder separat oder alle zusammen, in der Organisation bereits vorhanden sind.

Wenn alle Projekte einer Organisation zufriedenstellend durchgeführt werden und die Leistung von Jahr zu Jahr kontinuierlich besser wird, dann ist die Organisation auf der fünften Stufe bzw. Ebene des Reifegradmodells („Maturity Model") angelangt und daher ist nur eine kleine Investition für die Einrichtung eines PMOs notwendig. Die Anreize für das Erreichen der fünften Stufe sind die Industriepositionierung in Bezug auf die optimale Vorgehensweise („Best Practices"), die Möglichkeit mehr Geschäfte an Land zu ziehen und dadurch höhere Gewinne zu erzielen. Diese Organisationen haben die Möglichkeit die Projekte, die den zukünftigen Erfolg des Unternehmens steigern, auszuwählen und durchzuführen. Wenn hingegen eine Organisation ein PMO von Beginn an, das heißt mit den grundlegenden Elementen und mit erheblichen Investitionen, aufbauen muss, dann befindet sich die Organisation wahrscheinlich auf der ersten Ebene des Reifegradmodells, die die am wenigsten entwickelte Stufe darstellt. Hier werden Investitionen in Hilfsmittel und Prozesse benötigt, um ein PMO in der gesamten Organisation einzurichten. Um den vollen Nutzen aus der erfolgreichen Einführung eines PMO zu erhalten, ist es notwendig mehrere weiterentwickelnde Stufen durchzulaufen. Selbst mit beträchtlichen Investitionen wird es mehrere Jahre dauern, bevor progressive und nachhaltige Verbesserungen in der organisatorischen Projektdurchführung wahrzunehmen sind. Dennoch kann, durch periodisch sich wiederholende Beurteilungen, das PMO den aktuellen Reifegrad der Organisation bzgl. Industriestandards und „Best Practices" bewerten bzw. vergleichen, die zu verbessernden Bereiche erkennen und die Programmeffektivität im Hinblick auf Nutzen und Kosten demonstrieren.

Um Probleme immer im Blickwinkel zu haben, gibt es implizite Kosten, die von einer Vielzahl an gescheiterten Projekten ermittelt werden. Diese impliziten Kosten sind wesentlich höher als die expliziten Kosten für die Einrichtung eines PMO zum Zweck der Verbesserung der Projektleistung. Dieses Kosten-Leistungsverhältnis ist eine Variation eines Verhältnisses, das bereits für die Gewährleistung der Qualität und den Kosten der nichtkonformen Qualitätsstandards verifiziert worden ist.[69]

Die Ziele eines PMO variieren in Dringlichkeit und Komplexität. Dazu gehören:

- ✓ die Industriestandards setzen,
- ✓ höhere Unternehmensgewinne erzielen,
- ✓ PM in der Organisation integrieren, so dass eine PM Denkweise die Organisation durchdringt,
- ✓ PM als eine Bereicherung für das Unternehmen aufzeigen,
- ✓ die PM-Leistung zu verbessern,
- ✓ die Wiedererkennung der PM-Disziplin einflößen,
- ✓ kompetente und produktive Projektteams zu schaffen,
- ✓ konsequentes, formalisiertes PM zu implementieren
- ✓ oder einfach nur auf ein bestimmtes Projekt termingerecht und innerhalb des Budgets fertigzustellen.

Verschiedene Arten von PMOs lösen verschiedene Arten von Problemen. Die Bestimmung von organisatorischen Zielen, die als Teil der PMO Implementierung und der, vom PMO ausgeführten, Funktionen verfolgt werden, ist der erste Schritt bei der Planung einer Implementierung. Die Höhe der Finanzierung und des unternehmerischen Engagements sind eng mit diesen Zielen verknüpft. Das PMO dient dazu, bedeutende Änderungen in der Organisation zu ermöglichen, die nicht durch Software-Tools und Techniken

---

[69] Vgl. Rad (2002), S.155-157 (Eigene Übersetzung)

möglich sind, sondern durch engagierte, leistungsfähige Personen, die neue und erweiterte Funktionen in einem neuen Umfeld übernehmen.

Bei der Einführung eines PMO muss die Aufmerksamkeit auf die Teile der strategischen Ausrichtung der Organisation gerichtet werden, die die PM-Funktionen behandeln. Die organisatorischen langfristigen Pläne sollten Posten wie die Reduzierung der Projektkostenüberschreitung, die Verbesserung der Ressourcenaufteilung, die Verbesserung der Projektauswahl als auch die Verbesserung der Projektpriorisierung, die Erhöhung der Liefergeschwindigkeit und die Verbesserung der allgemeinen Qualität der Projekte enthalten. Die Verfeinerung der PMO Struktur und ihrer Finanzierung variiert stark abhängig davon, ob die allgemeinen Ziele die Projektleistung von Projekt zu Projekt, in einer Abteilung oder in der gesamten Organisation oder organisatorische PM Reifegrad verbessert werden sollen.

Wenn die Ziele des PMOs projektspezifisch sind, können sie entweder zu Leistungsbeurteilungen oder Kosten- und Zeitplanüberschreitungen gebunden werden. Abteilungsspezifische Ziele würden die derzeitige Bewertung der Reife der Abteilung zusammen mit der gewünschten Bewertung aufzeigen. Alternativ können die Ziele in Bezug auf die durchschnittliche Beurteilung der Projekte oder in Form eines Schwellenwerts für finanzielle Verluste, aufgrund des Versagens der Projekte, angegeben werden.

Die Ziele des PMO sollten unternehmensorientiert sein. Das PMO kann dann Best Practices institutionalisieren, so dass es innerhalb der Organisation als Prozess zur PM Steuerung angesehen wird. In diesem Fall werden die Ziele des PMO zu organisatorischen Werten der Reifegradbeurteilung, der durchschnittlichen Bewertung aller Projekte und der finanziellen Verlusten durch Projektmisserfolge.

Die Bemühungen, um die Unternehmensziele zu quantifizieren, können auf die Festsetzung von organisatorischen Leistungsstandards für jede der PM Facetten, wie Kosten, Zeitplan, Performance, etc., fokussiert werden. Zum Beispiel könnte das Ziel sein, dass mehr als 95% der Projekte innerhalb der geplanten Zeit erledigt werden muss oder mehr als 90% der Projekte bleiben unter dem geplanten maximalen Budget oder, dass die Kundenzufriedenheit mehr als 97% beträgt. Daher ist es notwendig ein realistisches Bild der gegenwärtigen organisatorischen Situation zu ermitteln. Mit dieser Information kann das Design des PMO auf diese spezifischen Bedürfnisse bewusster eingehen.

Eine alternative Methode zur Festsetzung der Projektperformance-Ergebnisse ist es quantifizierte Standards für ein erfolgreiches Projekt einzurichten. Denn für jeden Aspekt muss eine Performance-Ebene, die als akzeptabel angesehen wird, spezifiziert werden. Zum Beispiel könnte festgelegt werden, dass der Kostenverlauf perfekt ist, wenn er weniger als 10% beträgt. Der Kostenverlauf wird als inakzeptabel bewertet, wenn mehr als 250% überschritten werden. Um dieses Konzept zu erweitern, würde man feststellen, wie viele der aktuellen Projekte sich an diesen akzeptablen Bereich nähern und wie viele sich nach der Einführung eines PMO an diesen Bereich nähern sollten. Schließlich könnten die Ziele zur Verbesserung sein, dass die Performance aller Bereiche durch eine Stufe der Reife verbessert wird oder dass sie alle eine bestimmte Stufe, z.B. Stufe 4 der Reife, erreichen sollten.[70]

---

[70] Vgl. Rad (2002), S.157-160 (Eigene Übersetzung)

5. PMO Implementierung bei Allison Transmission

Einführung

Um die Arbeit eines Fertigungsunternehmens zu definieren, gruppiert das Projektmanagement die Aufgaben in zwei Kategorien: Projekte und Tätigkeiten. Wie bei vielen Fertigungsunternehmen, wird auch bei Allison Transmission die primäre Arbeitsbelastung der Kategorie Tätigkeiten zugeteilt. Jedoch wird auch Allison Transmission immer mehr zu einem Unternehmen mit einem beträchtlichen Anteil an Projektarbeit.

Allison Transmission ist seit über 50 Jahren ein weltweiter Anbieter von automatischen Getrieben für schwere Nutzfahrzeuge und militärische Fahrzeuge. Im Markt der automatischen Getriebe für schwere Nutzfahrzeuge ist Allison Transmission mit fast 70% Marktanteil stark vertreten.

Nach der Ankündigung im Jahr 1990, dass Allison nicht an die deutsche Firma ZF verkauft wird, begann der Vorsitzende und ehemalige CEO Jack Smith die Art und Weise, wie Allison in der Gesellschaft wahrgenommen wird, zu ändern. Seine Erkenntnis über die Rolle Allisons innerhalb des Mutterkonzerns General Motors war, dass Allison wie ein Marktführer im Segment der automatischen Getriebe war, wenn auch das Kerngeschäft nicht unbedingt im Automobil- und Lkw-Segment ist. Dieser grundlegende Wandel im Denken war der Beginn einer innovativen und neuen Richtung für den Konzern GM sowie für die Allison Division.

Der aktuelle Prozess

Die traditionelle Projektarbeit kommt aus verschiedenen Abteilungen innerhalb der Organisation. Obwohl Allison Transmission ein Mitglied der General Motors-Familie ist, zeichnet sie die Tatsache aus, dass alle Facetten des Arbeitsablaufs, wie z.B. Sales, Marketing, Einkauf und Engineering, lokal verwaltet werden. Projekte oder Projektarbeiten können von jeder dieser Abteilungen innerhalb der Allison Division sowie von Kundenanforderungen ausgehen. Diese Projektanfragen wurden schon immer durch die Operations Planning Gruppe behandelt, die alle Projektarbeiten aus finanzieller Perspektive kategorisiert und ordnet. Solange bestimmte finanzielle Kriterien und/oder

Kundenwünsche erfüllt werden, wird das Projekt mit den entsprechenden Genehmigungen aktiv werden. Einmal aktiv, ist der Projekt Manager verantwortlich für die Vergabe von Arbeitsaufträgen, die die zu erfüllende Arbeit definieren, und für die Verteilung der Aufträge den entsprechenden Abteilungen, die für die Erfüllung der Arbeitspakete zuständig sind, verantwortlich.

Das Problem

Da ein Projekt nur noch genehmigt wurde, wenn es eine bestimmte Qualität darstellte (z.B. finanziell oder die Kundenzufriedenheit), galt die Beendigung eines Projekts nach dem Projektbeginn als unangemessen. Deshalb führte Allison Transmission teilweise kritische Projekte oder solche mit schlechter Performance trotzdem durch. Des Weiteren begann sich die Projektarbeit zu häufen und Großprojekte tendierten dazu die Durchführung kleinere Initiativen zu vermindern. Der Gesamtmenge der Projektarbeit, für Groß- und Kleinprojekte, entwickelte sich schneller als die Bereiche, die als kritische Ressourcen galten, fähig waren die ganze Arbeit zu erledigen. Abteilungen, die für große und kleine Projekte verantwortlich waren, hatten Schwierigkeiten Prioritäten und Fristen, ohne klar priorisierte kritische Elemente, für die meisten Projekte festzulegen. Das Ergebnis war ein verzögerter Projektabschluss und/oder wenig oder überhaupt kein Fortschritt bei Projekte ohne Außenwirkung.

Des Weiteren waren Projektinformationen schwer zu bekommen und schlecht organisiert. Informationen über den Projektfortschritt waren minimal und machten es schwierig, Entscheidungen zu treffen, wenn die Ressourcen nicht alle Arbeiten rechtzeitig fertig brachten. Anstatt sich auf die Projekt Performance zu fokussieren, hatte sich Allison Transmission meist auf den jährlichen Finanzierungsplan und den damit verbundenen Aufwendungen konzentriert. Solange das Jahresbudget in Ordnung war, war alles andere auch in Ordnung. Das Problem dieser Vorgangsweise war, dass die Kosten der durchgeführten Arbeit, um die Basis eines Projekts zu erreichen, nicht berücksichtigt wurden. Deshalb waren wiederum die Kosten für die Fertigstellung des Projekts schwer zu ermitteln. Und das hatte wiederum

Auswirkungen auf den Standardwert, der sich aus den Kosten für die Fertigstellung, die das ursprüngliche Budget darstellen, minus die Ausgaben in Prozent ergibt.

Als die Organisation immer mehr gesättigt war, ging diese Vereinfachung mehr und mehr aus der Synchronisation anderer typischen Messgrößen hervor. Der Projektzeitablauf war äußerst mangelhaft und die Kosten begannen sich mit dem Anstieg der Ineffizienz der Arbeitsgruppen, durch deren Überbelastung, zu erhöhen. Allisons Abteilungsleiter waren nun gezwungen zu erklären, warum ihre Bemühungen, hinsichtlich des prognostizierten Zeitplans und die dadurch entstandene erhebliche Budgetüberschreitung, nicht ergiebig waren. Sie wurden nicht mit den Informationen oder dem Wissen ausgestattet, um genau beurteilen zu können was der Mangel an systematischen Projektkontrollen deren Arbeitskräfte angetan hatte.

Die Lösung

Um die Art, wie die Organisation mit der Belastung von Projekten umgeht, zu ändern, ist es am besten mit dem Projektportfolio, wie es derzeit existiert, zu beginnen. Der folgende Prozess ist am besten während der Projektinitiierung geeignet. Wenn in der Projektinitiierungsphase die Ressourcen oder die genaue Zeitplanung, die dem Projekt zugeordnet werden muss, nicht verfügbar sind, dann wird das Projekt nicht genehmigt und dem Projektportfolio nicht hinzugefügt. Wenn bestehende Projekte kein Enddatum, hinsichtlich der Ressourcenverfügbarkeit, haben, dann werden diese Projekte ebenfalls aus dem Portfolio entfernt werden. Sie können später hinzugefügt werden, wenn zusätzliche Informationen eine neue Betrachtung der geschäftlichen Gründe für die Behandlung dieser Projekte gewährleisten. Die Vorstellung, dass der Zeitplan und die verfügbaren Ressourcen für jedes Projekt identifiziert und von den Projektträgern akzeptiert werden muss, ist die strategische Richtung in die das PMO die Allison Transmission führt. Projekte für die kein Zeitplan oder keine Ressourcen verfügbar sind, müssen zurückgelegt oder gelöscht werden.

Die Organisation Allison Transmission ist bereit diese Richtung des PMO zu akzeptieren, solange sie sich überfordert fühlen und keine Kontrolle über die

Projektarbeit haben. Somit ist die weitere Zukunft des PMO in der Organisation vorerst gesichert.

Das kürzlich geschaffene Project Management Office (PMO) in der Operations Abteilung bei Allison, ist mit der Unterstützung der Organisation bei der Beantwortung wichtiger Fragen beauftragt, die auftreten, wenn nicht genügend Ressourcen verfügbar sind, um alle Projektarbeiten zugleich zu bearbeiten. Das sind Fragen wie zum Beispiel:

- Welche Projekte haben Priorität?
- Wie beeinflusst ein bestimmtes Projekt auch andere?
- Welche Projekte erfüllen die Anforderungen der Unternehmensplanung?
- Welche Projekte haben ein hohes Risiko und niedrige Rendite?

Die Organisation kann dem PMO durch die möglichst effiziente Nutzung der Ressourcen dabei behilflich sein, dass die Projektmanagement-Prozesse davon profitieren. Das PMO implementiert Projektmanagement-Prozesse und assistiert Allison, um das Projektportfolio auf Kurs mit den geschäftlichen Anforderungen halten können.

Mit dem neu geschaffenen PMO und einem neuen im „Bau" befindlichen Prozess innerhalb Allison Transmissions sind die folgenden fünf Aufgaben nicht nur zur Erfüllung der langfristigen Anforderungen, sondern auch um einige kurzfristige Werte bzw. Nutzen für die Fortsetzung der Unterstützung der Führungsebene zu erhalten, definiert worden:

1. Die Projektarbeit von der Basisarbeit im gesamten Geschäftsbereich differenzieren.

2. Status aller derzeit genehmigten Projekte im gesamten Projektportfolio.

3. Eine Liste der Projekte erstellen, die mit unterschiedlichen Filtern zur Überprüfung, zum Scoring (Punktebewertung) und zur vorrangigen Beurteilung ausgestattet ist.

4. Die benötigten Ressourcen, um alle Aufgaben zu erfüllen, auf einer Liste anhand der verfügbaren Ressourcen in Prozent oder jede andere Methode, die die benötigten Ressourcen belastet, beurteilen.

5. Ressourcenverbrauchende Szenarien werden auf die kritischen Ressourcen durchgeführt. Die gesamten Kosten bis zum Projektabschluss mit dem Return on Investment übereinstimmen. Das Ziel ist hierbei die Rendite zu maximieren ohne dabei die Projekte, die zwingend notwendig für die Organisation sind, zu vernachlässigen. Der wichtigste Aspekt von diesem Schritt ist die Kommunikation mit dem Rest der Organisation. Einige der Projekte, die eine bestimmte kritische Ressource benötigen, stammen aus der Technik, dem Vertrieb, der Qualität und dem Einkauf. Diese Gruppen haben keine direkte Verantwortung für die Ressource und sind von der Priorisierung der Abteilungen abhängig. Dies zeigt wie enorm wichtig die Kommunikation innerhalb der ganzen Organisation ist.

Das Ergebnis

Allison fertigt heute jährlich mehr Einheiten als je zuvor und konnte im Vergleich zu den letzten Jahren eine Erhöhung des Volumens im zweistelligen Bereich erzielen. Allison hat das Management der Projekte richtig integriert und der zukünftige Unternehmenserfolg wird von deren Fähigkeit, Projekte mit verbesserter Effizienz und guter Performance zu managen, noch vergrößert. Durch das PMO sind Projektmanagement-Prozesse und Techniken in vielen Bereichen des Unternehmens eingeführt worden. Der Grund für die Einführung war nicht nur der Wunsch nach verbesserter Projekt-Performance, sondern weil die funktionellen Gruppen überfordert waren und den Schmerz bzw. das Ärgernis einer unkontrollierbaren und unhandhabbaren Projektarbeit spürten. Projektmanagement und insbesondere die Tätigkeiten des PMOs werden bei Allison vom oberen Management unterstützt, um der Organisation bei der Bereitstellung der Daten und Prozesse zu helfen, die ihnen die Fähigkeit bessere und fundiertere Entscheidungen zu treffen und vor allem um das Gefühl zu vermitteln "alles unter Kontrolle" zu haben.

Um die Fähigkeit des PMO – der Organisation zu helfen und weiterhin oberes Management-Buy-In zu verdienen – aufzuzeigen, werden die Ergebnisse des Arbeitsaufwands schnell und mit Substanz gebraucht. Dabei werden iterativ die Projekt-Portfolios von Allison kontrolliert und sich auf kritische Ressourcen konzentriert. Wenn das Unternehmen sein Projekt-Portfolio richtig priorisieren und zumindest die Projekte, die aus der Liste herausfallen sollten, schnell identifizieren kann, wird die Effizienz der Organisation zusätzlich erheblich verstärkt werden.

Mit aggressiver Inangriffnahme der Projekte, die die beste Rendite bringen, und trotzdem die Erfüllung der verpflichtenden Projekte zu gewährleisten, werden

- ✓ die Ressourcen besser genutzt,
- ✓ die Ergebnisse der Projekt-Performance verbessert,
- ✓ die Fähigkeit auf verändernde Märkte zu reagieren verbessert,
- ✓ die Kundenbedürfnisse verstanden und befriedigt

und dadurch ist schlussendlich die Organisation erfolgreicher. Wenn der Erfolg von Allison Transmission wiederum steigt und die funktionalen Abteilungsleiter sowie die Führungskräfte die Prioritäten und den Ressourcenbedarf unter Kontrolle haben, muss das PMO nicht mehr die starren Normen eines Geschäftsfalls erfüllen. Das PMO wird ein integraler Bestandteil des Geschäftsprozesses und unverzichtbar bei der Maximierung der Ressourcen der Organisation.[71]

---

[71] Vgl. Nash (2002) (Eigene Übersetzung)

6. Ausblick

Multiprojektmanagement als auch Project Management Office wird in Zukunft noch an großer Bedeutung gewinnen. Da nahezu alle Geschäftstätigkeiten mit Projekten bearbeitet oder erledigt wird.

Kaum mehr ein Unternehmen muss sich nur noch mit einigen wenigen Projekten beschäftigen. Die Anzahl der Projekte einer Organisation steigt stetig. Zusätzlich wird die Planung der Ressourcen und des Zeitaufwands durch die immer noch komplexer und größer werdenden Projekte erschwert. Dies ist mit einem herkömmlichen Projektmanagement nicht mehr durchzuführen – es wird ein Multiprojektmanagement benötigt.

Durch die hohe Anzahl an Projekten in einem Unternehmen und den daraus resultierenden Einsatz von Multiprojektmanagement ist es kaum mehr machbar dies mit individuellen, nicht verbundenen Projektleitern bzw. –mitarbeitern zu erledigen. Schließlich wird die Lösung für dieses Problem immer häufiger ein Project Management Office sein. Ein zentralisiertes Project Management Office kann leichter den Überblick über das Projekt Portfolio und über die benötigten Ressourcen der Projekte sowie über die etwaigen kritischen Ressourcen im Unternehmen behalten. Aufgrund dieser Zentralisiertheit ist es für das PMO wesentlich leichter zu erkennen, welchen Projekte – hinsichtlich ihrer hohen Rendite oder da sie für das Unternehmen verpflichtend sind – welche Priorität zugeordnet wird.

Durch diese Umstände wird es vermutlich in Zukunft unvorstellbar sein ohne Multiprojektmanagement oder einem Project Management Office ein Unternehmen konkurrenzfähig zu halten.

Literaturverzeichnis

Bea, Franz Xaver; Scheurer, Steffen; Hesselmann, Sabine (2008): Projektmanagement. Grundwissen der Ökonomik. 1. Auflage. Stuttgart: Lucius & Lucius Verlag

Dale, Ernest (1978): Management: Theory and Practice. 4th Edition. New York: McGraw-Hill

Dammer, Henning (2008): Multiprojektmanagement. 1. Auflage. Wiesbaden: Gabler Verlag

Drucker, Peter F. (1974): Management: Tasks, Responsibilities, Practices. Neuauflage von 1999. New York: Butterworth-Heinemann

Kerzner, Harold (2000): Applied Project Management. Best Practices on Implementation. New York: John Wiley & Sons

Kessler, Heinrich; Winkelhofer, Georg (2002): Projektmanagement. Leitfaden zur Steuerung und Führung von Projekten. 3., erweiterte und überarbeitete Auflage. Berlin: Springer Verlag

Kolb, Rolf H. (2009): Projekt- und Innovationsmanagement. Studienhandbuch aus der Praxis für die Praxis. Hameln: CW Niemeyer Burchverlage GmbH

Litke, Hans-Dieter (2007a): Projektmanagement. Methoden, Techniken, Verhaltensweisen. Evolutionäres Projektmanagement. 5., erweiterte Auflage. München: Carl Hanser Verlag

Litke, Hans-Dieter; Kunow, Ilonka (2007b): Projektmanagement. 5., überarbeitete Auflage. Planegg/München: Rudolf Haufe Verlag

Malik, Fredmund (2007): Managment: Das A und O des Handwerks. 1. Auflage. Frankfurt: Campus Verlag

Nash, Thomas K. (2002): Project Portfolio Management – PMO Application. San Antonio: Project Management Institute Annual Seminars & Symposium

Patzak, Gerold; Rattay, Günter (2004): Projektmanagement. Leitfaden zum Management von Projekten, Projektportfolios und projektorientierten Unternehmen. 4., wesentlich überarbeitete und ergänzte Auflage. Wien: Linde Verlag

Rad, Parviz F.; Levin, Ginger (2002): The Advanced Project Management Office. A Comprehensive Look at Function and Implementation. Boca Raton, Florida: CRC Press LLC

Steinbuch, Pitter A. (2000): Projektorganisation und Projektmanagement. Moderne Organisation für Praxis und Studium. 2., überarbeitete Auflage. Ludwigshafen: Friedrich Kiehl Verlag

Töpfer, Armin (2007): Betriebswirtschaftslehre. Anwendungs- und prozessorientierte Grundlagen. 2. Auflage. Berlin: Springer Verlag

Wischnewski, Erik (1999): Modernes Projektmanagement. 6., vollständig überarbeitete Auflage. Braunschweig/Wiesbaden: Vieweg Friedrich + Sohn Verlag

Wysocki, Robert K.; McGary, Rudd (2003): Effective Project Management. Traditional, Adaptive, Extreme. Third Edition. Indianapolis: Wiley Publishing